ホットケーキミックスなら簡単!
300
Hotcake mix recipes 300
レシピ

主婦の友社

Contents

6 ホットケーキミックスについて／この本のきまりと使い方

Part 1 いちばん人気！ホットケーキ＆パンケーキ

バリエいっぱい！ふわふわホットケーキ

- 8 究極のプレーンホットケーキ
- 10 ドライフルーツのホットケーキ
- 10 チョコチップのホットケーキ
- 11 豆乳のホットケーキ
- 11 パインのホットケーキ
- 12 ダブルチョコレートホットケーキ
- 12 バナナ黒糖ホットケーキ
- 13 キャラメルナッツホットケーキ
- 13 いちごのホットケーキ
- 14 かぼちゃのホットケーキ
- 14 さつまいもとごまのホットケーキ
- 14 抹茶かのこの一口ホットケーキ
- 15 **生地バリエーション**
  アールグレイ／ラムレーズン／グラノーラ／シナモン／黒ごま／きな粉／ココナッツ／ピザ用チーズ／粉チーズ／アーモンド／オレンジピール／クリームチーズ／パイン＆ココナッツ／トマト＆バジル／カレー＆コーン

ビジュアルホットケーキ

- 16 2色の生地のホットケーキ／どうぶつホットケーキ／OKAOホットケーキ／ドット＆しましまホットケーキ／星＆ハートホットケーキ
- 17 **プレーン＆ココア生地のバリエーション**
  シナモンアップル／豆みつ／ダブルピーナッツ／チョコバナナ
- 18 アイスサンドケーキ
- 18 チーズクリームサンドケーキ
- 18 オレンジ風味のチーズタワーケーキ
- 19 ふわふわハートサンドホットケーキ
- 19 ダブルハートホットケーキ
- 19 チョコタワーケーキ
- 20 フルーツホットケーキ
- 20 チョコホイップ＆マシュマロのせホットケーキ
- 20 スターケーキ
- 21 とろ～りホイップクリーム＆ジャムのホットケーキ
- 21 ぐるぐるクリームのプチホットケーキ
- 21 アイス＆パリパリチョコホットケーキ
- 21 しましまチョコとナッツがけホットケーキ

人気の味をおうちでも！カフェ風パンケーキ

- 22 プレーンパンケーキ
- 23 クリームタワーといちごのパンケーキ
- 23 とろとろスクランブルエッグとかりかりベーコンのパンケーキ
- 24 ふわふわリコッタパンケーキ
- 24 オレンジのパンケーキ
- 25 マカダミアナッツパンケーキ
- 25 ピザ風ハニーパンケーキ
- 25 マシュマロクリームのパンケーキ
- 26 ミニミニパンケーキのフルーツのせ
- 26 豆乳きな粉のパンケーキ
- 26 アボカドとえびのパンケーキサンド
- 27 にんじんとじゃがいものパンケーキ
- 27 パセリとチーズのベジタブルロールパンケーキ
- 27 ハム＆コーンの黒こしょうパンケーキ

ソース＆ディップバリエ

- 28 **スイート系**
  キウイソース／マーマレードヨーグルトソース／カラメルバターソース／ヨーグルトホイップ／ブルーベリーソース／ホワイトチョコレートディップ／あずきミルクソース／いちごヨーグルトディップ／チョコレートソース／練乳ホイップクリーム／コーヒーホイップクリーム／メープルクリーム／ラズベリーソース／黒みつクリームソース／チェリーソース
- 30 **お食事系**
  アボカドディップ／チーズソース／たらマヨディップ／くるみクリームチーズ／ふわふわツナディップ／チーズガーリックディップ／マッシュルームクリームソース／ホットヨーグルトソース

Part 2 くり返し作りたい まいにちのおやつ

蒸しパン&蒸しケーキ
- 32 シンプル蒸しパン
- 33 ココア蒸しパン
- 33 抹茶蒸しパン
- 33 デコ蒸しパン
  ホイップデコ／アイシングデコ／チョコペンデコ
- 34 ブルーベリー蒸しパン
- 34 キャラメル蒸しパン
- 35 いちごin蒸しパン
- 35 チョコチョコマフィン
- 36 黒糖豆乳の蒸しパン
- 36 チョコin蒸しパン
- 37 ミルクコーヒー蒸しパン
- 37 しっとりバナナ蒸しパン
- 38 とうふの蒸しパン
- 38 濃い煎茶と甘栗の蒸しパン
- 38 浮島風あんこ蒸しパン
- 39 中華風蒸しパン
- 39 チーズ蒸しパン
- 39 かぼちゃ蒸しパン
- 40 桃の蒸しケーキ
- 40 シナモンコーヒーの蒸しケーキ
- 41 はちみつレモンの蒸しケーキ
- 41 エンジェルフードケーキ

クレープ
- 42 しっとりクレープ
- 42 ハニーレモンシュゼット
- 43 カスタードバナナクレープ
- 43 キウイソースのクレープ
- 44 オレンジヨーグルトクレープ
- 44 モカアイスクレープ
- 45 半熟卵のガレット風クレープ
- 45 チーズドッグ風クレープ
- 46 チーズクリームのミルクレープ
- 47 桃のミルクレープ
- 47 オレンジどっさりミルクレープ
- 48 いちごクレープケーキ
- 49 プリーツクレープ

トライフル
- 50 トライフル ティラミス風
- 50 抹茶と甘納豆のトライフル
- 50 トライフル トロピカル風

オムレツ
- 51 ヨーグルトホイップオムレツ
- 51 ココアオムレツ

バウムクーヘン
- 52 プレーンバウムクーヘン
- 53 バウムクーヘンのバリエーション
  オレンジバウム／コーヒーバウム／アーモンドバウム／紅茶バウム

ドーナツ
- 54 ふっくらドーナツ
- 55 クリームチーズドーナツ
- 55 さつまいもとごまのミニドーナツ
- 55 ジェリードーナツ
- 56 りんごのフリッター
- 56 とうふのドロップドーナツ
- 57 マラサダ
- 57 野菜の2色ドーナツ
- 57 サーターアンダギー

アメリカンドッグ
- 58 ボリュームアメリカンドッグ
- 59 お楽しみドッグ
  うずら卵／シューマイ／カマンベール
- 59 バナナドッグ

和菓子
- 60 どら焼き
- 60 フルーツどら焼き
- 61 バナナバターどら焼き
- 61 抹茶どら焼き
- 61 ごまあん入りお魚焼き
- 62 さっくり栗まん
- 62 かりんとう

Part 3 プレゼントにもおすすめ 焼き菓子

クッキー

- 64 トースタークッキー
- 65 キャラメルクッキー
- 65 きな粉クッキー
- 66 くるみとレーズンのクッキー
- 66 チーズクッキー
- 67 かぼちゃクッキー
- 67 さつまいものクッキー
- 68 シュガーナッツクッキー
- 68 アーモンドジャムリングクッキー
- 68 型抜きサブレ
- 69 クラックル
  抹茶／コーヒー
- 69 おからのミニクッキー

お砂糖なしのシンプルクッキー

- 70 ミルクビスケット／モンブラン／アイスクリームサンド／
  チーズスティック／コーンフレーククッキー

ロールケーキ

- 72 いちごクリームのロールケーキ
- 73 チョコバナナロールケーキ
- 74 黒ごまあんこロールケーキ
- 74 ぶどうのミニロールケーキ
- 75 **オーブンなら大きく焼ける！**
  ヨーグルトクリームのフルーツロールケーキ／
  さつまいもクリームのココアロールケーキ

マフィン&マドレーヌ

- 76 アメリカンマフィン
- 76 マンゴートロピカルマフィン
- 77 はちみつみかんマフィン
- 77 マドレーヌ

スコーン

- 78 さっくりスクエアスコーン
- 78 ブルーベリースコーン
- 79 クランベリースコーン
- 79 柿とアーモンドのスコーン
- 79 ハートのチョコミントスコーン

パウンドケーキ

- 80 レモン風味のパウンドケーキ
- 81 マーブルパウンドケーキ
- 82 紅茶とマーマレードのパウンドケーキ
- 82 バナナブレッド
- 83 いちじくのパウンドケーキ
- 83 さつまいものホイル焼きケーキ

そのほかのおやつ

- 84 タルトタタン風ケーキ
- 85 パイナップルとチェリーのケーキ
- 85 オレンジチーズケーキ
- 86 パイのせモンブラン
- 87 ヨーグルトクリームタルト
- 87 ロングエクレア
- 88 黄桃とプルーンのクランブル
- 88 いちじくのヨーグルトスティック
- 89 メープルシロップのシフォンケーキ
- 90 ブラウニーズ
- 90 ブロンディーズ

Part 4 甘くないからごはんがわりに お食事パン

ピザ&ナン

- 92 トマトピザ
- 92 ホワイトピザ
- 93 OKAOピザ
- 93 フライパン★ナン

ロールサンド

- 94 ハムチーズ&レタスロール
- 94 サーモンチーズロール
- 94 ツナマヨ卵ロール
- 95 ハムもやしロール
- 95 えびチリロール
- 95 北京ダック風ロール

パニーニ

- 96 ハムとチーズのパニーニ
- 96 生ハムとアボカドのパニーニ
- 96 マルゲリータ風パニーニ

ケークサレ
- 97 ハムとブロッコリーのケークサレ
- 97 チーズとベーコンのケークサレ

お食事蒸しパン
- 98 コーンとコンビーフの蒸しパン
- 98 大根とサラミの蒸しパン
- 99 ほうれんそう蒸しパン
- 99 カラフル野菜蒸しパン
- 99 にんじん蒸しパン

揚げパン
- 100 カレーパン
- 100 ピザ揚げパン
- 100 ポテサラの揚げパン
- 101 カレーポテトサモサ
- 101 ゴーヤー&スパムサモサ
- 101 枝豆コーンサモサ

おそうざいパン
- 102 玉ねぎとベーコンのマフィン
- 102 トマト&アスパラのブランチスコーン
- 103 ほうれんそうとチーズのブランチブレッド
- 103 ツナ&じゃがいものブレッドケーキ
- 103 りんごとヨーグルトのヘルシーブレッド
- 104 タルタルエッグパン
- 104 コロッケパン
- 105 ハーブとチーズのパン
- 105 マヨコーン丸パン

シンプルパン
- 106 パン・ド・カンパーニュ
- 106 雑穀パン
- 107 ミニロール
- 107 フォカッチャサンド

中華まん
- 108 肉まん
- 109 あんまん
- 109 キムチチーズまん
- 109 焼きそばまん

お好み焼き
- 110 豚キャベツのお好み焼き
- 110 もちチーズ&明太子のお好み焼き
- 110 えびとにらのお好み焼き

ホケミでおもてなし
- 111 ラザニア風クレープグラタン／
  韓国風クレープの焼き肉巻き

112 **column** 手作りおやつのラッピング

Part 5 気分を盛り上げる！イベントおやつ

バレンタイン
- 114 ガトーショコラ
- 115 チョコクッキー
- 115 スノーボールクッキー
- 116 フォンダンショコラのデザートプレート
- 117 チョコレートタルト
- 117 フライパンクッキー
- 118 オレンジチョコケーキ
- 119 バレンタインの生チョコケーキ
- 119 ラムボール

クリスマス
- 120 ジンジャーマンクッキー
- 121 バウムクーヘン切り株風
- 121 ミニツリーケーキ

ハロウィーン
- 122 かぼちゃのプチケーキ
- 122 パンプキンココアマフィン
- 123 かぼちゃのスクエアチーズケーキ
- 123 かぼちゃのころころミニドーナツ

誕生日
- 124 バースデーケーキ
- 125 ぶどうのカスタードタルト
- 125 バナナとブルーベリーのスポンジケーキ

プレゼントにぴったりの"バラまき"おやつ
- 126 クロナッツ風／キャラメルラスク／
  ウーピーパイ／ホケミロリポップ

ホットケーキミックスについて

● ホットケーキミックスとは

ホットケーキミックスは、小麦粉をベースにベーキングパウダー、砂糖、植物性油脂、香料などがバランスよく配合されたもの。そのため、あとは卵と牛乳を加えるだけで、おいしいホットケーキができます。ホットケーキ以外にも、クレープやクッキーといったさまざまなおやつを作ることができます。

メーカーによって材料や配合は多少異なるものの、主成分はどれも同じなので、この本のレシピはどのホットケーキミックスを使ってもかまいません。甘みや香り、生地のふくらみ方などをくらべて、好みのものを探してみてください。

● きれいな焼き色にするには

ムラのない、きれいな焼き色のホットケーキを作るには、樹脂加工のフライパンやホットプレートがおすすめ。卵焼き器も、樹脂加工されたものだと失敗がありません。

● 粉はふるわずに入れてもOK！

ホットケーキミックスには植物性油脂が配合されているので、サラサラとして扱いやすく、卵や牛乳を入れてもだまになりにくいのが特徴です。なので、基本的にはふるわずに使ってOK。ただし、ココアパウダーや抹茶など、粒子のこまかいものは茶こしでふるってホットケーキミックスと合わせるほうが、均一にまぜることができます。
※この本には、粉をふるって使うものもあります。作り方を確認してください。

● たくさん作ったら冷凍保存

ホットケーキが余ったときや、まとめて作っておきたいときは、1枚ずつラップで包んで冷凍庫へ。食べるときは、電子レンジで40秒～1分加熱すればおいしく食べられます。

この本のきまりと使い方

- 大さじ1は15ml、小さじ1は5ml、1カップは200mlです。
- 特に記述のない場合、砂糖は上白糖、小麦粉は薄力粉を使っています。
- 卵は特に表記がない場合、Mサイズを使用しています。
- バターは食塩不使用のものを使用しています。少量の場合やトッピング用には、有塩のバターでもOKです。
- 生クリームは動物性（乳脂肪）のものを使っています。植物性のホイップクリームでは、風味や泡立てかげんが異なります。
- 室温とは20～25度をさしています。
  冬の寒い時期なら暖房を、夏の暑い時期なら冷房を入れるなど、調整してください。
- 電子レンジは特に表記がない場合、600Wの機種を使用しています。500Wなら1.2倍を目安に加熱時間を調整してください。また、火の通りぐあいは機種によって差があるので、様子を見ながらかげんしてください。
- オーブンの温度や加熱時間は、一般的な機種を使った場合の目安です。
  機種によって熱の当たり方が違い、庫内の広さによっても焼き時間が違ってくるので、様子を見ながらかげんしてください。また、使うときは必ず予熱してください。
- クッキングシートは耐熱性、耐水性のあるシートで、ケーキ型や天板に生地がくっつくのを防ぐ働きをします。
- ケーキクーラーは焼き上がったケーキやクッキーなどをのせて冷ますための足のついた網です。金属製の網ならなんでもOK。焼き網などの足のない網を使う場合、網の下に空間をつくり、下からも熱や水分を放出するようにしてください。

Part 1

いちばん人気！
ホットケーキ＆パンケーキ

思いたったら作れる手軽さとそのおいしさで
みんなが大好きなホットケーキと、
ここ数年で人気が定着したパンケーキ。
そのままシンプルに食べてもいいけれど、
生地にひと味プラスしたり、
かわいくデコレーションしたりすれば、
また違うおいしさに出会えて楽しいものです。

Hotcake mix recipe × 001

ふわふわホットケーキ
バリエいっぱい！

recipe 001

あこがれNo.1！ ふかふかの厚さが決め手
究極のプレーンホットケーキ

× 材料（直径約12cm・3枚分）
ホットケーキミックス … 150g
卵 … 1個
牛乳 … 100mℓ

× 作り方

POINT
まぜすぎると
ふっくらしないので
注意！

❶ 泡立て器で卵をときほぐし、牛乳を加えてまぜる。

❷ ホットケーキミックスを加えてまぜる。多少だまがあってもいいので、まぜすぎないこと。

❸ 樹脂加工のフライパンを中火にかけてあたため、一度ぬれぶきんにのせて温度を安定させる。

POINT
生地を流し入れたら
ふたを忘れずに！

❹ ②の⅓量を流し入れ、ふたをして弱めの中火で2分ほど焼く。

❺ 表面にプツプツと穴があき、端が少し乾いた状態になったら返し、1〜2分焼く。（下迫綾美）

焼けたら器にとり出し、冷めないようにラップをふんわりとかけておく。残りの生地も同様に焼く。好みでバター、はちみつ、メープルシロップなどをかける。

喫茶店風のぶ厚いホットケーキが完成!

Part1 ホットケーキ&パンケーキ｜ふわふわホットケーキ

甘ずっぱさがふわっと広がる
ドライフルーツのホットケーキ

✕ 材料（4枚分）

ホットケーキミックス	200g
卵	1個
牛乳	140ml
好みのドライフルーツ（レーズン、あんずなど）	100g

✕ 作り方

❶ ドライフルーツは小さく刻む。
❷ ボウルに卵を割りほぐし、牛乳、ホットケーキミックスの順に加えて泡立て器でそのつどまぜ、最後に❶を加えてまぜる。
❸ 樹脂加工のフライパンを中火で熱し、底をぬれぶきんにのせてから再び弱火にかけ、生地をお玉1杯分流し入れて焼く。3分ほど焼いて、プツプツと穴があいてきたら返して1分ほど焼く。残りの生地も同様に焼く。

（齋藤真紀）

チョコの甘〜い香りがたまらない♥
チョコチップのホットケーキ

✕ 材料（4枚分）

ホットケーキミックス	200g
卵	1個
牛乳	140ml
チョコチップ	50g

✕ 作り方

❶ ボウルに卵を割りほぐし、牛乳、ホットケーキミックスの順に加えて泡立て器でそのつどまぜ、最後にチョコチップを加えてまぜる。
❷ 樹脂加工のフライパンを中火で熱し、底をぬれぶきんにのせてから再び弱火にかけ、生地をお玉1杯分流し入れて焼く。3分ほど焼いて、プツプツと穴があいてきたら返して1分ほど焼く。残りの生地も同様に焼く。

（齋藤真紀）

Part1 ホットケーキ&パンケーキ｜ふわふわホットケーキ

recipe 004

牛乳のかわりに豆乳を使うとふっくら！
豆乳のホットケーキ

✕ 材料（4枚分）
- ホットケーキミックス……………200g
- 卵………………………………………1個
- 調製豆乳……………………………140mℓ
- うぐいす豆の甘煮（市販品）…………適量

✕ 作り方
❶ ボウルに卵を割りほぐし、豆乳、ホットケーキミックスの順に加えて泡立て器でそのつどまぜる。
❷ 樹脂加工のフライパンを中火で熱し、底をぬれぶきんにのせてから再び弱火にかけ、生地をお玉1杯分流し入れて焼く。3分ほど焼いて、プツプツと穴があいてきたら返して1分ほど焼く。残りの生地も同様に焼く。
❸ 器に盛り、うぐいす豆をトッピングする。

（齋藤真紀）

recipe 006

ホットケーキは卵なしでも作れます

卵を入れない場合、ホットケーキミックス200gに対し、牛乳180mℓが生地の目安。あっさりと軽い味に焼き上がります。ただしアレルギーがある場合は、卵が含まれている製品もあるのでホットケーキミックスの原材料を確認してください。

recipe 005

輪切りのパインをのせたハワイアン風♪
パインのホットケーキ

✕ 材料（2枚分）
- ホットケーキミックス……………100g
- とき卵………………………………½個分
- 牛乳…………………………………70mℓ
- パイナップル（5mm厚さの輪切り）…2枚
- A 生クリーム………………………100mℓ
  砂糖………………………………20g

★パイナップルは好みで缶詰でも。

✕ 作り方
❶ パイナップルは皮をむき、中央をクッキー型などで抜く。ボウルに卵、牛乳、ホットケーキミックスの順に入れてまぜる。
❷ 樹脂加工のフライパンを中火で熱し、底をぬれぶきんにのせる。中央にパイナップルをおき、上から生地の半量を流し入れる。
❸ 再び弱火にかけ、3分ほど焼いてプツプツと穴があいてきたら返して1分ほど焼く。もう1枚も同様に焼く。
❹ 器に盛り、Aを八分立てに泡立てて添え、あればミントの葉を飾る。

（齋藤真紀）

recipe 007

ちょっぴりほろ苦い濃厚チョコ味
ダブルチョコレートホットケーキ

✕ 材料（直径10cm・12枚分）

ホットケーキミックス	150g
卵	1個
牛乳	110ml
ココアパウダー	大さじ1.5
板チョコ	1枚

✕ 作り方

❶ホットケーキミックスの袋にココアを加え、スプーンで軽くまぜる。板チョコは手でこまかく割っておく。

❷ボウルに卵を割り入れ、泡立て器でほぐしたら牛乳と①のホットケーキミックスを加える。粉っぽさがなくなるまでよくまぜ合わせ、割った板チョコを加えまぜる。

❸樹脂加工のフライパンにサラダ油少々（分量外）を熱してなじませ、キッチンペーパーでふく。全体を均一に熱したら大きめのスプーンを使って②を流し入れ、ふたをして弱めの中火で焼く。表面にプツプツと穴があいてきたら返し、再びふたをして、まん中がぷくっとふくらむまで焼く。

（石澤清美）

POINT
ココアはホットケーキミックスの袋に直接入れ、スプーンでまぜると手間がかからない。

recipe 008

こっくりとした黒糖の甘みがバナナと合う
バナナ黒糖ホットケーキ

✕ 材料（3枚分）

ホットケーキミックス	150g
卵	1個
牛乳	100ml
バナナ	½本（80g）
黒糖（かたまり）	30g

✕ 作り方

❶ボウルにバナナを入れ、フォークで軽くつぶす。卵を割り入れて泡立て器でまぜ、牛乳とホットケーキミックスを加える。粉っぽさがなくなるまでよくまぜ合わせる。

❷樹脂加工のフライパンにサラダ油少々（分量外）を熱してなじませ、キッチンペーパーでふく。全体を均一に熱したら生地をお玉に八分目くらい流し入れ、あらく砕いた黒糖を散らす。ふたをして弱めの中火で焼き、表面にプツプツと穴があいてきたら返し、再びふたをして、まん中がぷくっとふくらむまで焼く。器に盛り、好みでバナナ（分量外）を添える。

（石澤清美）

recipe 009 キャラメルナッツホットケーキ
カリカリのキャラメルの食感がアクセント

材料(小6枚分)
- ホットケーキミックス … 150g
- 卵 … 1個
- 牛乳 … 100ml
- くるみ(1cmくらいに割る) … 50g
- グラニュー糖 … 大さじ4
- バター … 大さじ½

作り方
1. キャラメルナッツを作る。樹脂加工のフライパンを中火で熱し、グラニュー糖を入れて揺すりながらとかす。色がつき始めたら、くるみを加えて全体にからめる。火を止めてバターを加え、余熱でとかしながらまぜる。器などにとり出して冷まし、食べやすい大きさに割る。
2. ボウルに卵を割り入れ、泡立て器でほぐす。牛乳とホットケーキミックスを加えて粉っぽさがなくなるまでよくまぜ合わせ、①のキャラメルナッツを飾り用に少量とり分けて残りを加える。
3. 樹脂加工のフライパンにサラダ油少々(分量外)を熱してなじませ、キッチンペーパーでふく。全体を均一に熱したら生地をお玉半分くらい流し入れ、ふたをして弱めの中火で焼く。表面にプツプツと穴があいてきたら返し、再びふたをして、まん中がぷくっとふくらむまで焼く。
4. 器に盛り、残りのキャラメルナッツを散らす。 (石澤清美)

POINT バターは必ず最後に加えること。冷えたキャラメルナッツは手で簡単に割れる。

recipe 010 いちごのホットケーキ
生のいちごを入れると、さわやかな甘さに

材料(4〜6枚分)
- ホットケーキミックス … 200g
- 卵 … 1個
- 牛乳 … 150ml
- サラダ油 … 適量
- いちご … 5〜7個
- 小麦粉 … 適量

作り方
1. いちごはへたをとり、小さく切って小麦粉をまぶす。
2. ボウルに卵を割りほぐし、牛乳、ホットケーキミックスの順に加えて泡立て器でそのつどまぜ、①を加えてざっくりとまぜる。
3. フライパンにサラダ油少々を熱してなじませ、生地をお玉1杯分くらい流し入れ、両面を色よく焼く。器に盛り、好みでいちごバター(recipe 11参照)を添えたり、シロップをかけたりしても。

(トミタセツ子)

POINT いちごを切ったら小麦粉を軽くまぶしておくと、水分が出にくく、生地になじみやすい。

recipe 011 「いちごバター」を作ろう!
甘みの少ない小粒のいちごは、いちごバターにして保存を。バター100gにへたをとったいちご½パックを加え、泡立て器でいちごをつぶすようにしてまぜる。いちごがなじみ、全体にピンク色になったら、ラップで包んで冷凍する。パンにのせてもおいしい。

recipe 012
野菜の甘みを生かした素朴な味わい
かぼちゃのホットケーキ

× 材料（3〜4枚分）

ホットケーキミックス	150g
卵	1個
牛乳	60㎖
かぼちゃ（種とわたをとる）	80g
はちみつ、メープルシロップ	各適量

× 作り方

❶ かぼちゃは一口大に切ってラップで包み、電子レンジ（500W）で2分加熱する。やわらかくなったらボウルに入れて、皮ごとフォークでつぶす。
❷ ①に卵を割り入れて泡立て器で軽くまぜる。牛乳とホットケーキミックスを加え、粉っぽさがなくなるまでよくまぜ合わせる。
❸ 樹脂加工のフライパンにサラダ油少々（分量外）を熱してなじませ、キッチンペーパーでふく。全体を均一に熱したら生地をお玉に八分目くらい流し入れ、ふたをして弱めの中火で焼く。表面にプツプツと穴があいてきたら返し、再びふたをして、まん中がぷくっとふくらむまで焼く。はちみつやメープルシロップをかける。　（石澤清美）

recipe 013
ほっくりおいもと香ばしいごまの組み合わせ
さつまいもとごまのホットケーキ

× 材料（4枚分）

ホットケーキミックス	200g
卵	1個
牛乳	140〜150㎖
さつまいも	150g
すり黒ごま	大さじ3
はちみつ、メープルシロップ	各適量

× 作り方

❶ さつまいもは皮ごと7〜8mm角に切ってゆでる。
❷ ボウルに卵を割り入れて泡立て器でまぜ、牛乳、ホットケーキミックス、ごまを加えて粉っぽさがなくなるまでまぜ、①を加える。
❸ 樹脂加工のフライパンにサラダ油少々（分量外）を熱してなじませ、キッチンペーパーでふく。全体を均一に熱したら生地をお玉に八分目くらい流し入れ、ふたをして弱めの中火で焼く。表面にプツプツと穴があいてきたら返し、再びふたをして、まん中がぷくっとふくらむまで焼く。はちみつやメープルシロップを添える。　（石澤清美）

recipe 014
抹茶と甘納豆の和風ホットケーキとも好相性
抹茶かのこの一口ホットケーキ

× 材料（小12枚分）

ホットケーキミックス	150g
卵	1個
牛乳	100㎖
抹茶（または粉末茶）	小さじ2
甘納豆	80g

× 作り方

❶ ホットケーキミックスの袋に抹茶を加え、スプーンで軽くまぜる。
❷ ボウルに卵を割り入れて泡立て器でほぐし、牛乳と①のホットケーキミックスを加える。粉っぽさがなくなるまでよくまぜ合わせ、甘納豆も加えてひとまぜする。
❸ 樹脂加工のフライパンにサラダ油少々（分量外）を熱してなじませ、キッチンペーパーでふく。全体を均一に熱したら②を大きめのスプーンで流し入れる。ふたをして弱めの中火で焼き、表面にプツプツと穴があいてきたら返し、再びふたをして、まん中がぷくっとふくらむまで焼く。　（石澤清美）

これもおすすめ！ 生地バリエーション

いつものホットケーキにもうひと味！ どれも生地に加えるだけで味や食感に変化がつけられる、超簡単アレンジです。

※分量は、「究極のプレーンホットケーキ」(p.8)の材料に加える量の目安です。

提案／下迫綾美

recipe 015 アールグレイ

アールグレイティー（ティーバッグ）2袋は茶葉をとり出して加える。

recipe 016 ラムレーズン

ラムレーズン40gは汁けをきって加える。

recipe 017 グラノーラ

好みのグラノーラ30gを加える。

recipe 018 シナモン

シナモン小さじ1を加える。

recipe 019 黒ごま

すり黒ごま大さじ3を加える。

recipe 020 きな粉

きな粉大さじ2を加える。

recipe 021 ココナッツ

ココナッツロング30gを加える。

recipe 022 ピザ用チーズ

ピザ用チーズ40gを加える。

recipe 023 粉チーズ

粉チーズ大さじ3を加える。

recipe 024 アーモンド

アーモンド30gは刻んで加える。

recipe 025 オレンジピール

オレンジピール30gは5mm角に切って加える。

recipe 026 クリームチーズ

クリームチーズ40g（ブロックタイプは5mm～1cm角に切る）を加える。

recipe 027 パイン＆ココナッツ

パイン（缶詰）1枚半（5mm～1cm角に切る）とココナッツロング20gを加える。

recipe 028 トマト＆バジル

トマトペースト大さじ2と生バジル6枚（ちぎる）を加える。

recipe 029 カレー＆コーン

カレー粉小さじ1とコーン（缶詰）40gを加える。

ひとワザプラスでうんとかわいく！
ビジュアルホットケーキ

recipe 030
プレーン＆ココア生地で表情豊か
2色の生地のホットケーキ

✕ 材料（中8枚分）
ホットケーキミックス	200g
卵	1個
牛乳	150ml
ココアパウダー	大さじ½
サラダ油	適量

✕ 作り方
❶ ボウルに卵を割りほぐし、牛乳、ホットケーキミックスの順に加えて泡立て器でそのつどまぜる。半量を別のボウルに入れ、ココアパウダーを茶こしでふるい入れてまぜる。
❷ 2色の生地の¼量ずつをそれぞれ厚手のポリ袋に入れ、角1カ所を少し切り落とす。
❸ フライパンを熱してサラダ油を薄く引き、❷をしぼり出して好きな模様を描く。少し待って表面が乾いてきたら、色の違う生地を上からまるく流し、両面を色よく焼く。残りの生地も同様に焼く。
（黒木優子）

POINT
ポリ袋の角を小さく切るほど、細い線が描ける。乾いてから残りの生地を丸く流して焼く。

プレーン＆ココア生地でアレンジ！
recipe 031〜033
どうぶつホットケーキ

最初にココア生地で耳や目を形づくって焼き、固まったらプレーン生地を少し重なるように流して動物の形にし、焼き上げる。熱いうちに小さく切ったドライフルーツやチョコチップで顔をつける。　（石澤清美）

お絵かきホットケーキ

recipe 034
OKAOホットケーキ

紙に丸を描き、切り抜く。焼き上げたホットケーキのほっぺ部分に紙をおいて粉砂糖を振り、そっとはずす。チョコペンで目、口、髪を描き、口元にトッピングシュガーをのせる。
（下迫綾美）

プレーン&ココア生地のバリエーション

もちろん1色ずつ焼いてもOK！

recipe 040

りんごはソテーすると生地になじむ
シナモンアップル

✕ 材料と作り方(中2枚分)
❶りんご¼個は皮つきのまま2cm角に切り、サラダ油適量を熱したフライパンで軽くソテーする。
❷プレーン生地お玉2杯分に①を加えてまぜる。
❸フライパンを熱してサラダ油適量を薄く引き、②を半量ずつまるく流し入れて両面を焼く。器に盛り、シナモンシュガー、はちみつ各適量をかける。（黒木優子）

recipe 041

甘納豆でしっとり和風テイスト
豆みつ

✕ 材料と作り方(中2枚分)
❶プレーン生地お玉2杯分に甘納豆（ミックス）60gをまぜる。
❷フライパンを熱してサラダ油適量を薄く引き、①を半量ずつまるく流し入れ、両面を焼く。器に盛り、黒みつ適量をかける。
（黒木優子）

recipe 042

ナッツの香ばしさが食欲をそそる
ダブルピーナッツ

✕ 材料と作り方(中2枚分)
❶ローストピーナッツ50gはあらく刻み、ココア生地お玉2杯分に加えてまぜる。
❷フライパンを熱してサラダ油適量を薄く引き、①を半量ずつまるく流し入れ、両面を焼く。器に盛り、ピーナッツクリーム適量をのせる。
（黒木優子）

recipe 043

とろけたバナナが濃厚〜♥
チョコバナナ

✕ 材料と作り方(中2枚分)
❶バナナ½本は7〜8mm厚さに切る。
❷フライパンを熱してサラダ油適量を薄く引き、バナナを半量ずつのせ、ココア生地お玉1.5杯分を半量ずつまるく流し、両面を焼く。器に盛り、メープルシロップ適量をかける。（黒木優子）

粉砂糖で！

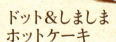

recipe 035〜036

ドット&しましまホットケーキ

紙にドットまたはしましま模様を描き、切り抜く。焼き上げたホットケーキに紙をのせ、上から粉砂糖を振る。紙をそっとはずす。
（下迫綾美）

時間差で焼いて

recipe 037〜039

星&ハートホットケーキ

丸口金をつけたしぼり出し袋にホットケーキの生地を入れ、星またはハートの形にしぼって焼く。生地に焼き色がついたら残りの生地をまるく流し入れ、焼く。
（下迫綾美）

しぼって焼くだけでもかわいい！

Hotcake mix recipe 044→049

recipe 044 アイスサンドケーキ
ふかふかの生地とひんやりアイスがマッチ

材料（5個分）
- ホットケーキミックス …… 100g
- とき卵 …………………… ½個分
- 牛乳 ……………………… 70ml
- 好みのアイスクリーム（ストロベリー、チョコミントなど）…… 適量

作り方
1. ボウルに卵、牛乳を入れてまぜ、ホットケーキミックスを加えて泡立て器でそのつどまぜる。
2. 樹脂加工のフライパンを中火で熱し、底をぬれぶきんにのせてから再び弱火にかけ、生地を直径7〜8cmにまるく流し入れる。3分ほど焼いてプツプツと穴があいてきたら返し、さらに1分ほど焼く。計10枚焼き、あら熱をとる。
3. 2枚1組にして、アイスクリームをサンドする。

（齋藤真紀）

サンド ホットケーキ

recipe 045 チーズクリームサンドケーキ
チーズの酸味と桃のさっぱりした甘さが◎

材料（4〜5個分）
- ホットケーキミックス …… 100g
- 卵 ………………………… 1個
- 牛乳 ……………………… 50ml
- サラダ油 ………………… 少々
- 黄桃（缶詰）…………… 1個分
- クリームチーズ（室温にもどす）…… 100g
- 砂糖 …………………… 大さじ3

作り方
1. ボウルに卵を割りほぐし、牛乳、ホットケーキミックスの順に加えて泡立て器でそのつどまぜる。
2. フライパンを熱してサラダ油を薄く引き、生地を直径6〜7cmにまるく流し入れ、両面を色よく焼く。計12〜15枚焼き、あら熱をとる。
3. クリームチーズはやわらかくねり、砂糖を加えてすりまぜる。黄桃は1cm角に切って汁をふく。
4. ②を3枚1組にして、③のクリームと黄桃をサンドする。

（黒木優子）

タワー ホットケーキ

recipe 046 オレンジ風味のチーズタワーケーキ
角をずらしながら重ねるのがポイント！

材料（2個分）
- ホットケーキミックス …… 100g
- とき卵 …………………… ½個分
- 牛乳 ……………………… 70ml
- マーマレード …………… 30g
- クリームチーズ（室温にもどす）…… 50g

作り方
1. ボウルに卵、牛乳を入れて泡立て器でまぜ、ホットケーキミックスを加えてまぜ、最後にマーマレードを加えてまぜる。
2. 樹脂加工のフライパンを中火で熱し、底をぬれぶきんにのせてから再び弱火にかけ、生地の半量を流し入れて焼く。表面にプツプツと穴があいてきたら返し、さらに1分ほど焼く。もう1枚も同様に焼く。
3. 1枚を放射状に切って6等分し、クリームチーズを塗りながら重ねる。もう1個も同様に作る。

（齋藤真紀）

recipe 047 ふわふわハートサンドホットケーキ
型抜き＋サンドの合わせワザ！

✕ 材料（7個分）
- ホットケーキミックス……100g
- とき卵……½個分
- 牛乳……90㎖
- ピーナッツクリーム（市販品）……適量

✕ 作り方
❶ ボウルに卵、牛乳を入れて泡立て器でまぜ、ホットケーキミックスを加えてまぜる。
❷ 樹脂加工のフライパンを中火で熱し、底をぬれぶきんにのせてから再び弱火にかけ、生地の半量を流し入れる。3分ほど焼いてプツプツと穴があいてきたら返し、さらに1分ほど焼く。もう1枚も同様に焼く。
❸ ハート型（小）で抜いて2枚1組にし、間にピーナッツクリームを塗ってサンドする。
（齋藤真紀）

型抜き ホットケーキ

recipe 048 ダブルハートホットケーキ
型抜きした2色の生地を組みかえるだけ！

✕ 材料（4枚分）
【プレーン生地】
- ホットケーキミックス……100g
- とき卵……½個分
- 牛乳……70㎖

【ココア生地】
- ホットケーキミックス……100g
- ココアパウダー……大さじ½
- とき卵……½個分
- 牛乳……70㎖

✕ 作り方
❶ プレーン生地を作る。ボウルにとき卵、牛乳を入れて泡立て器でまぜ、ホットケーキミックスを加えてまぜる。樹脂加工のフライパンを中火で熱し、底をぬれぶきんにのせてから再び弱火にかけ、生地の半量を流し入れる。3分ほど焼いてプツプツと穴があいてきたら返し、さらに1分ほど焼く。もう1枚も同様に焼く。
❷ ココア生地を作る。ボウルにホットケーキミックスを入れ、ココアパウダーを茶こしでふるいながら加え、泡立て器で全体をまぜる。牛乳、とき卵の順に加えてよくまぜ、プレーン生地と同様にして2枚焼く。
❸ ①、②の中央をハート型（大）で抜き、プレーンとココアを入れかえてはめる。
（齋藤真紀）

recipe 049 チョコタワーケーキ
特大サイズのタワーケーキはイベントにも

✕ 材料（大1個分）
- ホットケーキミックス……400g
- 卵……2個
- 牛乳……300㎖
- サラダ油……適量
- チョコレートシロップ（市販品）……70g
- アーモンドプラリネ……50g
- ココアパウダー……少々

✕ 作り方
❶ ボウルに卵を割りほぐし、牛乳、ホットケーキミックスの順に加えて泡立て器でそのつどまぜる。
❷ フライパンを熱してサラダ油を薄く引き、生地を直径12㎝くらいにまるく流し入れ、両面を色よく焼く。すべて（計10～12枚）焼けたら正方形に切る。
❸ 器に②を1切れのせてチョコレートシロップ少々を塗り、アーモンドプラリネ少々を散らし、もう1切れをずらしておく。残りも同様にして重ねる。
❹ いちばん上に、茶こしでココアパウダーを振る。
（広沢京子）

デコ盛り ホットケーキ

recipe 050 フルーツホットケーキ
クリーム＆シロップ漬けのフルーツがてんこ盛り！

✕ 材料（4人分）
- A
  - キルシュ …… 大さじ2
  - レモン汁 …… 大さじ1
  - 砂糖 …… 大さじ1
- ぶどう …… 10粒
- 梨 …… 1個
- 柿 …… 1個
- B
  - 生クリーム …… 100㎖
  - 砂糖 …… 大さじ1
- ホットケーキ …… 小12枚

✕ 作り方
1. なべにAを入れて火にかけ、軽く沸騰させ、シロップを作る。ぶどう、梨、柿を一口大に切って加え、冷蔵庫で冷やす。
2. Bは合わせて泡立てる。
3. 器にホットケーキを3枚ずらしてのせ、①のフルーツと②をのせ、あればミントを飾る。

（コモモデル　宮間かや乃）

recipe 051 チョコホイップ＆マシュマロのせホットケーキ
ふわふわのホイップをたっぷりのせて

✕ 材料（2人分）
- A
  - 生クリーム …… 100㎖
  - チョコレートソース（市販品） …… 大さじ2
  - グラニュー糖 …… 小さじ1
- バナナ …… 1本
- ミニマシュマロ …… 7個
- ホットケーキ …… 2枚

✕ 作り方
1. Aをボウルに入れ、ボウルの底を氷水にあてて七〜八分立てに泡立てる。
2. バナナは輪切り、マシュマロは半分に切る。
3. ホットケーキを器に盛り、①とマシュマロを等分にのせ、バナナを添える。

（下迫綾美）

recipe 052 スターケーキ
角を外に向けて並べるだけでキュートな星形に

✕ 材料（1個分）
- A
  - 生クリーム …… 100㎖
  - 砂糖 …… 10g
- 好みのフルーツ（いちご、りんご、キウイなど） …… 適量
- ホットケーキ …… 中1枚

✕ 作り方
1. ホットケーキは放射状に5等分に切り、星形になるように器に並べる。
2. フルーツは食べやすく切り、好みで型抜きする。
3. ボウルにAを入れて角が立つまで泡立て、①のところどころにしぼり出し、②を飾る。

（齋藤真紀）

recipe 053
まるでカフェ！なおしゃれデコ
とろ〜りホイップクリーム＆ジャムのホットケーキ

× 材料（2人分）
- A
  - 生クリーム …… 100㎖
  - グラニュー糖 …… 10g
- いちごジャム、粉砂糖、ミント …… 各適量
- ホットケーキ …… 2枚

× 作り方
1. Aをボウルに入れ、ボウルの底を氷水にあてて七〜八分立てに泡立てる。
2. いちごジャムはスプーンでまぜてなめらかにする。
3. ホットケーキを器に盛って粉砂糖を振り、①と②を順に等分にのせる。好みでミントを散らす。
（下迫綾美）

recipe 055
プチアイデア
トッピングシュガーのかわりに市販のチョコレート菓子をのせても。

recipe 054
片手でつまめる一口サイズがうれしい
ぐるぐるクリームのプチホットケーキ

× 材料（作りやすい分量）
- A
  - 生クリーム …… 250㎖
  - グラニュー糖 …… 25g
- トッピングシュガー …… 適量
- ホットケーキ（直径5cm） …… 25枚

× 作り方
1. Aをボウルに入れ、ボウルの底を氷水にあてて七〜八分立てに泡立てる。
2. しぼり出し袋に星口金をつけて①を入れ、冷ましたホットケーキの上にうず巻き状にしぼり、トッピングシュガーを飾る。残りも同様にする。（下迫綾美）

recipe 057
プチアイデア
ラムレーズンのアイスにすれば、大人っぽい味わいに！

recipe 056
冷えてパリパリになったチョコの食感がグー
アイス＆パリパリチョコホットケーキ

× 材料と作り方（1人分）
1. チョコレート適量は湯せんにかけてとかす。
2. ホットケーキを器に盛ってストロベリーアイス適量をのせ、①をスプーンでうず巻き状に描き、砕いたくるみを散らす。（下迫綾美）

recipe 058
シンプル＆シックな大人デコ
しましまチョコとナッツがけホットケーキ

× 材料と作り方（1人分）
ホットケーキを器に盛ってチョコレートソース（市販品）適量をジグザグにしぼり、砕いたアーモンドを散らす。
（下迫綾美）

人気の味をおうちでも！
カフェ風パンケーキ

recipe 059

軽い口あたりで何枚でも食べられそう！

プレーンパンケーキ

✕ 材料（直径11cm・6枚分）

- ホットケーキミックス……150g
- 卵………………………………1個
- 牛乳…………………………120ml
- プレーンヨーグルト………50g
- 粉砂糖、生クリーム、メープルシロップ……各適量

✕ 作り方

❶ ボウルに卵を割りほぐし、ヨーグルト、牛乳の順に加えてそのつど泡立て器でまぜる。

❷ ①にホットケーキミックスを加えてまぜる。多少だまがあってもいいので、まぜすぎないこと。

❸ 樹脂加工のフライパンを中火にかけてあたため、一度ぬれぶきんにのせる。②の1/6量を流し入れ、ふたをして弱めの中火で1分30秒〜2分焼く。

❹ 表面にプツプツと穴があき、端が少し乾いた状態になったら返して1分ほど焼く。器にとり出し、冷めないようにラップをふんわりとかける。残りも同様に焼く。

❺ ④を器に盛って粉砂糖を振り、泡立てた生クリームとメープルシロップを添える。（下迫綾美）

Part1 ホットケーキ&パンケーキ｜カフェ風パンケーキ

recipe 060

もりもりクリームとダブルいちごで
ハワイアン風！

クリームタワーといちごの
パンケーキ

✕ 材料（2人分）

ホットケーキミックス …… 150g
卵 …… 1個
牛乳 …… 120mℓ
プレーンヨーグルト …… 50g
A ┌ 生クリーム …… 150mℓ
　└ グラニュー糖 …… 15g
いちご、いちごソース（市販品）
…… 各適量

✕ 作り方

❶Aをボウルに入れ、ボウルの底を氷水にあてながら七〜八分立てに泡立てる。
❷いちごは縦半分〜4等分に切る。
❸「プレーンパンケーキ」（p.22）の作り方①〜④を参照して、パンケーキを6枚焼く。
❹器に③を3枚ずつ盛り、星口金をつけたしぼり出し袋に①を入れ、ソフトクリーム状にしぼる。いちごソースをかけ、②を添える。　（下迫綾美）

recipe 061

ほの甘いパンケーキと塩けのある卵＆
ベーコンが合う！

とろとろスクランブルエッグと
かりかりベーコンのパンケーキ

✕ 材料（2人分）

ホットケーキミックス …… 150g
卵 …… 1個
牛乳 …… 120mℓ
プレーンヨーグルト …… 50g
A ┌ 卵 …… 4個
　│ 牛乳 …… 大さじ4
　└ 塩、こしょう …… 各適量
バター …… 20g
ベーコン …… 2枚

✕ 作り方

❶「プレーンパンケーキ」（p.22）の作り方①〜④を参照して、パンケーキを6枚焼く。
❷フライパンを熱してベーコンをカリッと焼き、とり出す。
❸ボウルにAを入れてまぜ合わせる。
❹フライパンにバターの半量を入れて強めの中火でとかし、③の半量を入れる。まわりがフツフツとしてきたら木べらですばやくかきまぜ、表面が半熟状になったら火からおろす。これをもう一度くり返す。
❺①を3枚ずつ器に盛り、②と④を添える。好みでベビーリーフとミニトマトを添える。　（下迫綾美）

recipe 062 プチアイデア

メープルシロップをかけて食べても◎。甘さと塩けのバランスがクセになる！

recipe 063 ふわふわリコッタパンケーキ

口の中でとろける秘密はメレンゲにあり！

✕ 材料（8枚分）
- ホットケーキミックス……100g
- 卵……2個
- 牛乳……80mℓ
- リコッタチーズ……100g
- バナナ（斜め切り）……適量
- バター、メープルシロップ……各適量
- A ┌ バター……50g
    └ はちみつ……大さじ1

✕ 作り方
❶ ボウルに卵白と卵黄をそれぞれ分けて入れる。
❷ 黄身の入ったボウルに牛乳、チーズを加えて泡立て器でまぜ、ホットケーキミックスを加えてまぜる。
❸ 卵白は泡立て器でしっかりと泡立ててメレンゲを作り、半量ずつ❷に加えてさっくりとまぜる。
❹ フライパンを中火で熱しバター少々を入れる。バターがとけてきたら、生地をお玉1杯分そっと入れ、まるく形をととのえる。
❺ 弱火でこんがりと両面を焼き、ふたをして1分おき、中まで火を通す。フライパンをキッチンペーパーでふきとり、残りの生地も同様に焼く。
❻ 器にパンケーキを盛り、よくまぜたAをのせてバナナを添え、好みでメープルシロップをかける。

（ダンノマリコ）

recipe 064 オレンジのパンケーキ

オレンジの甘ずっぱさと香りでうんとリッチに

✕ 材料（8枚分）
- ホットケーキミックス……200g
- 卵……1個
- 牛乳……200mℓ
- サラダ油……適量
- オレンジ……2個
- はちみつ……大さじ4

✕ 作り方
❶ オレンジは皮をむき、果肉の薄皮をむいて種をとる。果肉の半量は小さく切ってはちみつをまぜ、ソースにする。
❷ ボウルに卵を割りほぐし、牛乳、ホットケーキミックスの順に加えて泡立て器でそのつどまぜる。
❸ フライパンを熱してサラダ油を薄く引き、中央に残りのオレンジを並べ、上から生地をお玉1杯分くらい流し、両面を色よく焼く。残りの生地も同様に焼く。
❹ 器に盛り、ソースをかける。

（荻田尚子）

recipe 065 マカダミアナッツパンケーキ
ちょっぴりアメリカンなナッツのソースをかけて

材料（1個分）
- ホットケーキミックス 200g
- 卵 1個
- 牛乳 100mℓ
- とかしバター 20g

【ソース】
- マカダミアナッツ 30g
- バター 大さじ½
- 薄力粉 大さじ1
- 牛乳、生クリーム 各100mℓ
- 砂糖 大さじ1
- コンデンスミルク 大さじ½
- レモン汁 小さじ½

作り方
❶ ボウルに卵を割りほぐし、牛乳と水100mℓを加えてよくまぜる。ホットケーキミックスを2～3回に分けて加え、まぜ合わせる。とかしバターを加えてさらにまぜる。
❷ 樹脂加工のフライパンを中火で熱し、生地を大さじ3くらい流して焼く。表面に穴がプツプツとあいてきたら返して焼く。残りも同様に焼き、器に盛る。
❸ ソースを作る。ナッツはたたいて砕き、からいりする。
❹ なべにバターを入れて弱火にかけてとかし、薄力粉を加えてしっとりするまでいため合わせる。牛乳を2～3回に分けて注ぎ、そのつどよくまぜ、とろみが出たら1分ほど煮る。火からおろして冷ます。
❺ ボウルに生クリームと砂糖を入れて八分立てに泡立て、冷ました❹に加え、コンデンスミルクとレモン汁、❸をまぜる。❷にかける。
（みなくちなほこ）

recipe 066 ピザ風ハニーパンケーキ
甘じょっぱさがあとを引く、オードブル風

材料（直径28cm・1枚分）
A
- ホットケーキミックス 200g
- オリーブ油 大さじ2
- 水 180mℓ

- カマンベールチーズ 1個
- 生ハム 適量
- はちみつ 適量

作り方
❶ ボウルにAを入れてよくまぜ合わせる。
❷ 樹脂加工のフライパンを中火で熱し、一度ぬれぶきんにのせてあら熱をとる。再び弱火にかけ、❶を高めの位置から流し入れて焼く。プツプツと穴があいてきたら返し、裏面もこんがりと焼く。
❸ ❷を器に盛り、あたたかいうちに適当な大きさに切ったチーズと生ハムをのせる。はちみつをかけ、好みでディルをのせる。
（コモモデル 深谷佐和）

recipe 067 マシュマロクリームのパンケーキ
とろ～りあまあまなクリームがたまらない♥

材料（4人分）
A
- ホットケーキミックス 200g
- 卵 1個
- 牛乳 200mℓ
- ココア 大さじ1

- マシュマロ 中20個
- シナモン 適量

作り方
❶ Aをボウルに入れてよくまぜ合わせる。
❷ 樹脂加工のフライパンを中火で熱し、一度ぬれぶきんにのせてあら熱をとる。再び弱火にかけ、❶を薄く小さな円形に焼く。残りの生地も同様に焼き、焼き上がったパンケーキは器に重ねておく。
❸ 最後の1枚を焼いているときにマシュマロをのせてふたをし、クリーム状に軽くとかす。❷のパンケーキにのせてシナモンを振る。
（コモモデル 三笠真由）

Hotcake mix recipe 068→073

recipe 068

薄く小さく焼いて重ねた、あこがれパンケーキ
ミニミニパンケーキのフルーツのせ

× 材料（直径7cm・30枚分）
ホットケーキミックス …… 125g
卵 …………………………… 1個
A ┌ プレーンヨーグルト
  │ ………………………… 100g
  └ 牛乳 ………………… 150mℓ
サラダ油 ………………… 適量
ラズベリー、ブルーベリー
 ………………………… 各適量
キウイ …………………… 1個
バナナ …………………… ½本
メープルシロップ ……… 適量

× 作り方
❶ ボウルに卵を割りほぐし、Aを加えて泡立て器でよくまぜ、ホットケーキミックスを加えてよくまぜる。
❷ フライパンを熱してサラダ油を薄く引き、生地をお玉½杯分流し入れ、両面を色よく焼く。残りの生地も同様に焼く。
❸ キウイとバナナは角切りにする。
❹ すべて焼けたら器に重ねて盛り、❸とベリー類をのせてメープルシロップをかける。
（黒川愉子）

recipe 069

おだんご風につなげて焼く、おもしろパンケーキ
豆乳きな粉のパンケーキ

× 材料（8個分）
ホットケーキミックス …… 200g
卵 …………………………… 1個
豆乳（無調整） ………… 200mℓ
きな粉、砂糖 …………… 各適量

× 作り方
❶ ホットケーキミックスにきな粉大さじ3を加えて軽くまぜる。
❷ ボウルに卵をときほぐして豆乳を加え、❶を加えてなめらかにまぜる。
❸ 樹脂加工のフライパンを中火で熱し、一度ぬれぶきんにのせてあら熱をとる。再び中火にかけ、❷を大きめのスプーンでまるく3つつなげて流し入れ、ふたをして両面を色よく焼く。残りも同様に焼く。
❹ ❸を器に盛り、きな粉と砂糖を同量合わせたものを振る。
（石澤清美）

recipe 070

おしゃれなブランチ風サンド
アボカドとえびのパンケーキサンド

× 材料（4人分）
ホットケーキミックス …… 100g
卵 ………………………… ½個分
牛乳 ……………………… 100mℓ
アボカド ………………… ½個
ゆでえび ………………… 8尾
グリーンカール ………… 適量
ゆで卵 …………………… 1個
A ┌ 玉ねぎ、きゅうり（みじん切り）
  │ ………………… 各大さじ1
  │ マヨネーズ …… 大さじ4
  │ あらびき黒こしょう、レモン汁
  └ ………………… 各少々

× 作り方
❶ ボウルに卵と牛乳を入れ、泡立て器でよくまぜ、ホットケーキミックスを加え、なめらかにまぜる。
❷ 樹脂加工のフライパンを熱し、ぬれぶきんにのせてあら熱をとる。再び中火にかけて全体を均一に熱し、お玉に七分目くらいの❶を流し入れ、まるくのばす。弱めの中火で両面を色よく焼く。全部で3枚焼く。
❸ タルタルソースを作る。ゆで卵はあらく刻み、Aとまぜる。アボカドは種と皮をとって薄切りにする。
❹ パンケーキ1枚にグリーンカール、アボカド、えびをのせてタルタルソースをかけ、これをもう一度くり返し、残りのパンケーキではさむ。ピックを刺してとめ、4等分に切る。
（石澤清美）

recipe 071 にんじんとじゃがいものパンケーキ
じゃがいもが入るともっちりとした食感に

材料（小10枚分）
- ホットケーキミックス ……… 100g
- 牛乳 ……… 100ml
- にんじん、じゃがいも ……… 各50g

作り方
1. にんじん、じゃがいもはすりおろすかフードプロセッサーにかけてボウルに入れる。牛乳、ホットケーキミックスを加えて泡立て器でそのつどまぜる。
2. 樹脂加工のフライパンを中火で熱し、一度ぬれぶきんにのせてから再び弱火にかけ、生地を流し入れて小さな円形に焼く。3分ほど焼いて、プツプツと穴があいてきたら返して1分ほど焼く。残りの生地も同様に焼く。
3. 好みでクリームチーズやくるみ、レーズンをのせる。

（ほりえさわこ）

recipe 072 パセリとチーズのベジタブルロールパンケーキ
野菜をはさんで二つ折りにして食べる

材料（12個分）
- ホットケーキミックス ……… 200g
- 卵 ……… 1個
- 牛乳 ……… 200ml
- グリーンアスパラガス ……… 適量
- パセリのみじん切り ……… 大さじ2
- ピザ用チーズ ……… 50g
- 粉チーズ ……… 大さじ3

作り方
1. アスパラガスはゆでて長さを2〜3等分に切る。
2. ボウルに卵を割り入れて泡立て器でときほぐし、牛乳とまぜる。ホットケーキミックスを加えてなめらかにまぜ、ピザ用チーズとパセリを加える。
3. 樹脂加工のフライパンを熱し、一度ぬれぶきんにのせてあら熱をとる。再び中火にかけ、②を大きめのスプーンで3杯分くらいまるく流し入れ、両面をやや薄めのきつね色に焼く。
4. ③に①をのせ、半分にたたんで粉チーズを振って返す。フライ返しで軽く押さえながらチーズがとけるまで焼く。返してふたをし、1分ほど蒸し焼きにして中まで火を通す。器に盛り、好みでこしょうを振る。

（石澤清美）

recipe 073 ハム＆コーンの黒こしょうパンケーキ
ほんのり甘い生地にこしょうの香りをきかせて

材料（8〜9枚分）
- ホットケーキミックス ……… 150g
- 卵 ……… 1個
- A
  - 牛乳 ……… 150ml
  - プレーンヨーグルト ……… 50g
  - こしょう ……… 小さじ1/4
  - 塩 ……… 少々
- ハム ……… 60g
- 粒コーン（缶詰） ……… 60g

作り方
1. ハムは7mm角くらいに切り、コーンは汁けをきっておく。
2. ボウルに卵を割り入れて泡立て器でときほぐし、Aとホットケーキミックスを加えてなめらかにまぜる。①も加えてまぜる。
3. 樹脂加工のフライパンを熱し、一度ぬれぶきんにのせてあら熱をとる。再び中火にかけ、お玉に六分目くらいの②を流し入れて、弱めの中火で両面を色よく焼く。残りも同様に焼く。
4. 器に盛り、好みでバジルを添える。

（石澤清美）

Hotcake mix recipe 074→090

お楽しみ！
ソース&ディップバリエ

かけて楽しい、つけておいしいソース&ディップ。
おやつにぴったりのスイート系から、食事にも合うものをとりそろえました。
※すべて作りやすい分量です。

スイート系

recipe 074

レンジでチンするだけ！
キウイソース
※材料と作り方
キウイフルーツ2個(150g)は小さく刻んで耐熱容器に入れる。砂糖30gをまぶして5分ほどおき、ラップをかけずに電子レンジ(600W)で2分加熱する。
（石澤清美）

recipe 075

甘さと酸味が好バランス
マーマレードヨーグルトソース
※材料と作り方
プレーンヨーグルト50gはなめらかになるまでよくまぜる。マーマレード50gを加え、さらにムラなくまぜる。
（石澤清美）

recipe 076

ほんのりビターテイスト
カラメルバターソース
※材料と作り方
フライパンにグラニュー糖50gとバター10gを入れて火にかける。軽く揺すりながらとかし、カラメル色になるまで煮詰める。水50mlを一気に加え(はねるのでやけどに注意する)、なめらかになるまでよくまぜる。
（石澤清美）

recipe 077

さっぱりと軽い食感
ヨーグルトホイップ
※材料と作り方
ボウルにプレーンヨーグルト、生クリーム各100mlと砂糖大さじ2を入れる。泡立て器でもったりするまで泡立てる。
（石澤清美）

recipe 078

甘ずっぱさが◎
ブルーベリーソース
※材料と作り方
冷凍ブルーベリー100gは凍ったまま耐熱容器に入れる。ラップをかけずに電子レンジ(500W)で3分加熱し、はちみつ大さじ1を加えてさらに4〜5分加熱する。途中で様子を見ながら2回ほどまぜる。（石澤清美）

recipe 079

濃厚さにうっとり♥
ホワイトチョコレートディップ
✕ 材料と作り方
❶ホワイトチョコレート100gはこまかく刻んでボウルに入れる。
❷なべに生クリーム100mlを入れて火にかけ、沸騰直前に火からおろして❶に加え、よくまぜてチョコレートを完全にとかす。
❸ボウルの底を氷水にあてながらゴムべらでまぜる。もったりするまで冷ます。
（齋藤真紀）

recipe 080〜081

抹茶を振っても Good!

あずきの食感がアクセント
あずきミルクソース
✕ 材料と作り方
ボウルにゆであずき80g、牛乳大さじ1、練乳小さじ1を入れてよくまぜ合わせる。
（下迫綾美）

recipe 082

甘ずっぱくてさわやか
いちごヨーグルトディップ
✕ 材料と作り方
ボウルに生クリーム100ml、プレーンヨーグルト50g、いちごジャム30gを入れ、もったりとするまでよくまぜる。
（齋藤真紀）

recipe 084

コクのあるやさしい甘み
練乳ホイップクリーム
✕ 材料と作り方
ボウルに生クリーム100mlと練乳40gを入れ、底を氷水にあてながら泡立てる。
（下迫綾美）

recipe 085

ほろ苦さが大人の味わい
コーヒーホイップクリーム
✕ 材料と作り方
❶インスタントコーヒー小さじ1.5は熱湯小さじ1でといて冷ます。
❷ボウルに❶と生クリーム100ml、グラニュー糖10gを入れ、底を氷水にあてながら泡立てる。
（下迫綾美）

recipe 083

みんな大好きな王道ソース
チョコレートソース
✕ 材料と作り方
❶ビターチョコレート60gは湯せんにかけてとかす。
❷小なべに生クリーム（乳脂肪分35%）90mlを入れてあたため、❶に少しずつ加えてまぜる。
（下迫綾美）

recipe 086

メープル味のふんわりクリーム
メープルクリーム
✕ 材料と作り方
ボウルに生クリーム100mlとメープルシロップ40gを入れ、底を氷水にあてながらとろりとするまで泡立てる。（下迫綾美）

recipe 090

ひと手間かけて極上ソースに
チェリーソース
✕ 材料と作り方
❶小なべにダークチェリー（缶詰）の実100gと缶汁100ml、グラニュー糖10gを入れて弱めの中火であたためる。
❷コーンスターチ小さじ1.5、ダークチェリーの缶汁大さじ1をよくまぜる。
❸❶が沸騰したら❷を加えてまぜながらとろみをつける。火を止めてレモン汁小さじ1/2を加えまぜる。（下迫綾美）

recipe 087

ほどよい酸味がいい感じ
ラズベリーソース
✕ 材料と作り方
小なべにラズベリー（冷凍）100g、グラニュー糖30gを入れて弱めの中火にかけ、まぜながら煮る。火が通ったらレモン汁小さじ1を加えまぜる。（下迫綾美）

recipe 088〜089

ラム酒をまぜると風味がアップ！

こっくり甘い和風ソース
黒みつクリームソース
✕ 材料と作り方
小なべに生クリーム50mlと黒砂糖50gを入れて弱火にかけ、黒砂糖がとけるまでまぜる。（下迫綾美）

お食事系

まったりと濃厚な味わい
recipe 091 アボカドディップ
×材料と作り方
❶アボカドの果肉100gはフォークの背などでつぶす。玉ねぎ⅛個はみじん切りにする。
❷レモン汁大さじ½、マヨネーズ大さじ1を❶に加えてまぜる。　　（齋藤真紀）

満足感◎のこってり味
recipe 092 チーズソース
×材料と作り方
❶カマンベールチーズ1個は皮を包丁でとり除き、70gとる。
❷ボウルに❶とクリームチーズ60g、水大さじ2、塩、こしょう各適量を入れ、ふんわりとラップをかけて電子レンジ（600W）で1分30秒ほど加熱する。一度とり出してスプーンでまぜ、再度電子レンジで30秒ほど加熱し、なめらかにまぜる。こしょうで味をととのえる。　（下迫綾美）

プチプチの舌ざわりが楽しい
recipe 093 たらマヨディップ
×材料と作り方
たらこ½腹は薄皮をとり除いてほぐし、マヨネーズ大さじ3、プレーンヨーグルト大さじ2を加えてまぜる。　（齋藤真紀）

おつまみ感覚で食べられる
recipe 094 くるみクリームチーズ
×材料と作り方
ボウルにクリームチーズ50gとサワークリーム20gを入れ、なめらかになるまでまぜる。牛乳大さじ1を少しずつ加えてまぜ、フライパンでからいりしてあらく砕いたくるみ10gとあらびき黒こしょう適量をまぜる。　　（下迫綾美）

定番のツナをムース仕立てに
recipe 095 ふわふわツナディップ
×材料と作り方
ボウルにツナ50g、クリームチーズ50g、マヨネーズ小さじ2、塩、あらびき黒こしょう各適量を入れ、空気を含ませるようにまぜる。ふんわりとしたらでき上がり。　　（下迫綾美）

きのこの香りが食欲をそそる
recipe 097 マッシュルームクリームソース
×材料と作り方
❶マッシュルーム10個は5mm厚さにスライスする。ベーコン1枚はみじん切りにする。
❷フライパンにオリーブ油大さじ2とにんにくの薄切り1かけ分を入れてあたためる。❶を加え、塩、こしょう各少々を振っていためる。
❸火を止めてホワイトソース（市販品）100g、牛乳大さじ2を加えてときのばし、再度火にかけてあたためる。　（下迫綾美）

一度食べたらやみつき！
recipe 096 チーズガーリックディップ
×材料と作り方
❶クリームチーズ100gは室温にもどしてやわらかくする。
❷にんにくのすりおろし小さじ⅓、パセリのみじん切り小さじ1、こしょう少々を加えてよくまぜる。　　（齋藤真紀）

野菜にも合うさっぱり味
recipe 098 ホットヨーグルトソース
×材料と作り方
耐熱ボウルにプレーンヨーグルト100g、粒マスタード小さじ1、にんにくのみじん切り¼かけ分を入れてまぜる。電子レンジ（600W）で30秒ほど加熱して軽くあたため（あたためすぎると分離するので注意）、パセリのみじん切り小さじ1をまぜる。　　（下迫綾美）

Part 2

くり返し作りたい
まいにちの
おやつ

蒸しパンやドーナツといった
おうちでおなじみのおやつはもちろん、
クレープにバウムクーヘンなど、
カフェ風のちょっとしたおやつだって
ホットケーキミックスで作れちゃいます。
簡単に作れるうえにまちがいのないおいしさで、
定番おやつのローテーション入り決定です。

Hotcake mix recipe 99→104

蒸しパン&蒸しケーキ

ふんわりもっちりの口あたりがたまらない♡

recipe 99

材料3つだから、思い立ったらすぐ作れる!

シンプル蒸しパン

× **材料**(直径6×高さ3cmの紙カップ6個分)
ホットケーキミックス……………100g
牛乳…………………………………80ml
サラダ油……………………………大さじ1

× **作り方**

❶ ボウルにホットケーキミックスを入れて牛乳を加え、泡立て器でなめらかになるまでまぜる。サラダ油を加え、さらによくまぜる。
❷ 耐熱容器やプリンカップなどに紙カップを入れ、生地を七分目くらいまで等分に流し入れる。
❸ 3個を電子レンジに入れ、小ボウルに水を入れて添える。耐熱の密閉容器をかぶせ、電子レンジ(600W)で2分加熱する。残りも同様に加熱する。
❹ 蒸し上がったらすぐに耐熱容器から紙カップをとり出す。
※すぐに食べないときは、あら熱がとれたらラップで包む。

(齋藤真紀)

POINT

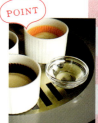

耐熱の密閉容器をかぶせて蒸す。
耐熱ボウルをかぶせてもOK。

時間があればフライパン蒸しが◎

大きめのフライパンなら、6個分をまとめて蒸すことも可能。適量の水を張り、ふきんで包んだふたをして火にかけ、蒸気が上がったら、強火で10～15分蒸す。

recipe 100 甘すぎないのがうれしい
ココア蒸しパン

✕ 材料（直径6×高さ3cmの紙カップ6個分）

ホットケーキミックス	100g
ココアパウダー	小さじ1
牛乳	80㎖
サラダ油	大さじ1

✕ 作り方

ホットケーキミックスに茶こしでふるったココアパウダーを加え、あとは「シンプル蒸しパン」（p.32）と同様に作る。　　（齋藤真紀）

recipe 101 抹茶の香りがふわりと広がる
抹茶蒸しパン

✕ 材料（直径6×高さ3cmの紙カップ6個分）

ホットケーキミックス	100g
抹茶	小さじ1
牛乳	80㎖
サラダ油	大さじ1

✕ 作り方

ホットケーキミックスに茶こしでふるった抹茶を加え、あとは「シンプル蒸しパン」（p.32）と同様に作る。　　（齋藤真紀）

トッピングでキュートに仕立てて♥
デコ蒸しパン Arrange!

recipe 102
ホイップデコ

✕ 材料と作り方（作りやすい分量）

❶ ボウルに生クリーム100㎖と砂糖10gを入れ、角が立つまで泡立てる。
❷ 蒸しパンの上にしぼり出し、トッピングシュガーを飾る。　（齋藤真紀）

recipe 103
アイシングデコ

✕ 材料と作り方（作りやすい分量）

❶ ボウルに粉砂糖100gと卵白½個分を入れ、泡立て器でよくまぜる。
❷ スプーンで蒸しパンにかけ、アラザンを飾る。　（齋藤真紀）
※アイシングに色をつける場合は、食用色素少々を水少々でとき、竹ぐしの先につけてごく少量を❶にまぜる。

recipe 104
チョコペンデコ

✕ 材料と作り方（作りやすい分量）

❶ 好みの色のチョコペンを50度くらいの湯せんにかけてやわらかくする。
❷ 蒸しパンに好みの模様や絵を描く。
　（齋藤真紀）

recipe
105

相性のいいヨーグルト＆
ブルーベリーでさっぱり
ブルーベリー蒸しパン

✕ 材料（直径6×高さ4cmの紙カップ6個分）
ホットケーキミックス	100g
ブルーベリージャム	小さじ2
プレーンヨーグルト	100g
サラダ油	大さじ1

✕ 作り方
❶ボウルにすべての材料を入れ、泡立て器でよくまぜる。
❷耐熱容器に紙カップを入れ、①を七分目くらいまで等分に流し入れる。表面にブルーベリージャム少量（分量外）をトッピングする。
❸3個を電子レンジに入れ、小ボウルに水を入れて添える。耐熱の容器などをかぶせ、電子レンジ（600W）で2分加熱する（「シンプル蒸しパン」〈p.32〉の作り方参照）。残りも同様に加熱し、蒸し上がったらすぐに紙カップをとり出す。

（齋藤真紀）

recipe
106

おなじみのミルクキャラメルが
ソースがわり！
キャラメル蒸しパン

✕ 材料（6〜8個分）
ホットケーキミックス	150g
卵	1個
A ┌ 砂糖	30g
／ プレーンヨーグルト	100mℓ
└ サラダ油	大さじ1
キャラメル（市販品）	6〜8個

✕ 作り方
❶ボウルに卵を割り入れて泡立て器でほぐす。Aとホットケーキミックスを順に加え入れ、粉っぽさがなくなるまでよくまぜる。
❷耐熱容器または湯飲みなどに紙カップを入れ、①の生地を六分目くらいまで等分に流し入れる。それぞれ中央にキャラメルを1個ずつのせる。
❸ラップをふんわりとかけ、電子レンジ（500W）で2分加熱する。

（石澤清美）

Part2 まいにちのおやつ｜蒸しパン

recipe 107
フレッシュいちごがジューシー！
いちご in 蒸しパン

✕ 材料（直径6×高さ4cmの紙カップ4個分）

ホットケーキミックス	100g
いちご	4個
牛乳	80mℓ
サラダ油	大さじ1

✕ 作り方

❶ ボウルにホットケーキミックスを入れ、牛乳を加えてなめらかになるまで泡立て器でまぜ、サラダ油を加えてよくまぜる。いちごはへたをとる。

❷ 耐熱容器に紙カップを入れ、それぞれに大さじ1くらいの生地を入れる。いちごを1個ずつ中央にのせ、残りの生地を七分目くらいまで等分に流し入れる。

❸ 2個を電子レンジに入れ、小ボウルに水を入れて添える。耐熱の容器などをかぶせ、電子レンジ（600W）で2分加熱する（「シンプル蒸しパン」〈p.32〉の作り方参照）。残りも同様に加熱し、蒸し上がったらすぐに紙カップをとり出す。

（齋藤真紀）

recipe 108

チョコのおいしさがぎゅぎゅっと凝縮
チョコチョコマフィン

✕ 材料（直径5×高さ4cmの紙カップ5個分）

ホットケーキミックス	100g
ココアパウダー	大さじ1
卵	1個
牛乳	100mℓ
砂糖	大さじ1.5
サラダ油	大さじ1
チョコチップ	大さじ2

✕ 作り方

❶ ボウルに卵を割りほぐし、牛乳を加えて泡立て器でまぜ、砂糖、サラダ油を加えてよくまぜる。ホットケーキミックスを加え、ココアパウダーを茶こしでふるって入れ、まぜ合わせる。チョコチップ大さじ1を加え、さっとまぜる。

❷ 耐熱容器に紙カップを入れ、①を七分目くらいまで等分に流し入れ、残りのチョコチップを散らす。

❸ 電子レンジ（500W）の中央に1個を入れ、50秒ほど加熱する。残りも同様に加熱し、でき上がったらすぐに紙カップをとり出す。

（新井美代子）

recipe 109
こっくりとした甘さが黒糖の持ち味！
黒糖豆乳の蒸しパン

✕ 材料（コーヒーカップ4〜5個分）

ホットケーキミックス	100g
A 卵	1個
黒砂糖（粉末タイプ）	50g
調製豆乳	50ml
サラダ油	大さじ1

✕ 作り方

❶ ボウルにAを入れ、泡立て器でふんわりとするまでまぜる。豆乳、サラダ油を加えてまぜ、ホットケーキミックスを加えてよくまぜる。

❷ 耐熱カップに①を七分目くらいまで等分に流し入れ、2〜3個を電子レンジに入れる。小ボウルに水を入れて添え、耐熱の容器などをかぶせ、電子レンジ（600W）で1分30秒〜2分30秒加熱する（「シンプル蒸しパン」〈p.32〉の作り方参照）。残りも同様に加熱する。

（黒川愉子）

POINT
蒸しパンは紙カップを使わずに、コーヒーカップやココットに直接入れて蒸してもOK。フォークなどで食べて。

---

recipe 110
割ると中からチョコがとろーり
チョコin蒸しパン

✕ 材料（直径6×高さ4cmの紙カップ4個分）

ホットケーキミックス	100g
牛乳	80ml
サラダ油	大さじ1
チョコレート	20g

✕ 作り方

❶ ボウルにホットケーキミックスを入れ、牛乳を加えてなめらかになるまで泡立て器でまぜ、サラダ油を加えてよくまぜる。チョコレートは刻む。

❷ 耐熱容器に紙カップを入れ、それぞれに大さじ1くらいの生地を入れ、チョコレートを等分に入れ、残りの生地を七分目くらいまで等分に流し入れる。

❸ 2個を電子レンジに入れ、小ボウルに水を入れて添える。耐熱の容器などをかぶせ、電子レンジ（600W）で2分加熱する（「シンプル蒸しパン」〈p.32〉の作り方参照）。残りも同様に加熱し、蒸し上がったらすぐに紙カップをとり出す。

（齋藤真紀）

recipe 111 ミルクコーヒー蒸しパン
ほろ苦コーヒー味にコンデンスミルクが合う

※ 材料（直径5×高さ4cmの紙カップ5個分）
ホットケーキミックス	100g
インスタントコーヒー	小さじ2
A ｜ 卵	1個
｜ 砂糖	50g
牛乳	50mℓ
サラダ油	大さじ1
チョコペン（またはチョコシロップ）、コンデンスミルク	各適量

※ 作り方

❶ ボウルにAを入れ、泡立て器でよくまぜる。牛乳、サラダ油を加えてまぜ、ホットケーキミックス、インスタントコーヒーを加えてよくまぜる。

❷ 耐熱容器に紙カップを入れ、①を七分目くらいまで等分に流し入れる。2～3個を電子レンジに入れ、小ボウルに水を入れて添える。耐熱の容器などをかぶせ、電子レンジ（600W）で1分30秒～2分30秒加熱する（「シンプル蒸しパン」〈p.32〉の作り方参照）。残りも同様に加熱し、蒸し上がったらすぐに紙カップをとり出す。

❸ チョコペン（またはクッキングシートを細く丸めてチョコシロップを入れて）で、器に線描きをする。②をのせ、コンデンスミルクをかける。
（黒川愉子）

recipe 112 しっとりバナナ蒸しパン
バナナを入れると冷めてもしっとり

※ 材料（6～8個分）
ホットケーキミックス	150g
卵	1個
A ｜ 砂糖	30g
｜ 牛乳	大さじ2
｜ はちみつ	大さじ1
｜ サラダ油	大さじ1
バナナ	1本
レモン汁	少々

※ 作り方

❶ バナナは皮をむいて80g分をつぶし、残りは輪切りにしてレモン汁をかける。

❷ ボウルに①のつぶしたバナナと卵を割り入れて泡立て器でほぐす。Aとホットケーキミックスを順に加え、粉っぽさがなくなるまでよくまぜる。

❸ 耐熱容器または湯飲みなどに紙カップを入れ、②の生地を六分目くらいまで流し入れる。それぞれ輪切りのバナナをのせる。ラップをふんわりとかけ、電子レンジ（500W）で2分加熱する。好みでミントを飾る。　（石澤清美）

Hotcake mix recipe 113 → 118

recipe 113

甘さ控えめがうれしい
とうふの蒸しパン

× **材料**（紙カップ 8〜10個分）

ホットケーキミックス	200 g
木綿どうふ	⅔丁（200 g）
卵	1個
砂糖	大さじ2
サラダ油	大さじ1

× **作り方**

❶とうふはラップをかけずに電子レンジ（600W）で2分加熱し、皿1枚をのせて冷まし、水きりをする。

❷ボウルに①を入れて泡立て器でくずし、卵を割り入れて砂糖を加え、まぜるようにほぐす。ホットケーキミックスを加えてだまにならないようにしっかりとまぜ、サラダ油を加えてさらにまぜる。

❸耐熱容器に紙カップを入れ、②を七分目くらいまで等分に流し入れ、あればクコの実を1粒ずつのせて、蒸気が上がった蒸し器に並べて強火で10分蒸す。
（石澤清美）

recipe 114

緑茶風味の和風蒸しパン
濃い煎茶と甘栗の蒸しパン

× **材料**（卵どうふの型1個分または紙カップ8〜10個分）

ホットケーキミックス	200 g
煎茶（葉）	大さじ2
卵	1個
砂糖	大さじ2
牛乳	50ml
サラダ油	大さじ1
むき甘栗	20粒

× **作り方**

❶煎茶は半量をこまかく刻むか、すりこ木でする。残りは熱湯½カップを加えて濃い煎茶をいれる。

❷ボウルに卵を割り入れて泡立て器でほぐし、砂糖を加えて牛乳と①でいれた煎茶大さじ4を加える。ホットケーキミックスと刻んだ茶葉を加えてだまにならないようにまぜ、サラダ油を加えてさらによくまぜる。

❸卵どうふの型にクッキングシートを敷き込んで（または耐熱容器に紙カップを入れて）②を流し入れ、甘栗をところどころに散らす。

❹蒸気が十分に上がった蒸し器に③を入れて強火で20分蒸す。小さな型の場合は10分を目安に。
（石澤清美）

recipe 115

あんこなのに、意外とあっさり
浮島風あんこ蒸しパン

× **材料**（パウンド型1台分または紙カップ8〜10個分）

ホットケーキミックス	200 g
卵	2個
粒あん	100 g
サラダ油	大さじ2

× **作り方**

❶ボウルに卵を割り入れて泡立て器でほぐし、あん、水大さじ2の順に加えてからホットケーキミックスを加える。だまにならないようにまぜ、サラダ油を加えてさらによくまぜる。

❷パウンド型にクッキングシートを敷き込んで（または耐熱容器に紙カップを入れて）①を流し入れ、蒸気が十分に上がった蒸し器に入れて強火で20分蒸す。小さな型で蒸す場合は10分を目安に。
（石澤清美）

recipe 116

ごま油の風味が
あとを引くおいしさ
中華風蒸しパン

× 材料（直径8cmの紙カップ6個分）

ホットケーキミックス	200g
卵	2個
砂糖	50g
ごま油	大さじ2
牛乳	100ml
プルーン	1～2個

× 作り方

❶ ボウルに卵を割りほぐし、ホットケーキミックスと砂糖、ごま油を加え、牛乳を少しずつ加えてだまにならないように泡立て器でよくまぜる。
❷ 紙カップに①を七分目くらいまで流し入れ、ふんわりラップをかけて電子レンジ（600W）で5分ほど加熱する。
❸ プルーンは種をとり除いて小さく切り、蒸し上がった②に飾る。

（大石みどり）

recipe 117

しっとりチーズケーキ風蒸しパン
チーズ蒸しパン

× 材料（ホイルカップ8～10個分）

ホットケーキミックス	200g
クリームチーズ	100g
砂糖	大さじ3
卵	2個
サラダ油	大さじ1.5

× 作り方

❶ クリームチーズはラップで包み、電子レンジ（600W）で30秒ほど加熱してやわらかくする。
❷ ボウルに①を入れて泡立て器でなめらかにねり、砂糖を加えてクリーム状にまぜる。卵を割りほぐして加え、さらになめらかにまぜてサラダ油を加え、ホットケーキミックスを加えてしっかりまぜる。
❸ ホイルカップに七分目くらいまで生地を流し入れ、蒸気が上がった蒸し器に入れて10分蒸す。

（石澤清美）

recipe 118

ほっこり素朴な甘み
かぼちゃ蒸しパン

× 材料（紙カップ8～10個分）

ホットケーキミックス	200g
かぼちゃ	正味100g
卵	1個
牛乳	50ml
あんずジャム	大さじ3くらい

× 作り方

❶ かぼちゃは一口大に切り、ラップで包んで電子レンジ（600W）で2～3分加熱する。やわらかくなったら皮ごとフォークでつぶす。
❷ ボウルに卵を割り入れて泡立て器でほぐし、①のかぼちゃを加えてまぜ、牛乳でのばし、ホットケーキミックスを加えてだまにならないようにしっかりとまぜる。
❸ 耐熱容器に紙カップを入れ、②を七分目くらいまで流し入れ、ジャムを小さじ1くらいずつのせる。
❹ 蒸気が十分に上がった蒸し器に入れて強火で10分蒸す。

（石澤清美）

recipe 119

シリコンスチームなべを使えばラク!
桃の蒸しケーキ

× **材料（直径20cmのシリコンスチームなべ1個分）**

ホットケーキミックス	60g
砂糖	40g
卵	1個
牛乳	大さじ2
バター	30g
黄桃（缶詰）	1個分

× **作り方**

❶ 黄桃は3mm厚さくらいに薄く切り、キッチンペーパーではさんでよく水けをふく。シリコンスチームなべの底に放射状に並べる。
❷ ボウルにホットケーキミックス、砂糖を入れて泡立て器でひとまぜし、ときほぐした卵、牛乳を加え、なめらかになるまでまぜる。
❸ バターを電子レンジ（600W）で30秒ほど加熱してとかし、❷に加えてまぜる。
❹ ❶のなべに❸の生地を流し入れ、ふたをして電子レンジで4分30秒加熱する。レンジから出し、ふたをしたままあら熱をとる。
❺ なべに皿をかぶせ、ひっくり返してケーキをとり出す。

（齋藤真紀）

使ったシリコンスチームなべはこれ

丸いシリコンスチームなべ（直径20cmのもの）。手元になければ、深さのある耐熱皿にクッキングシートを敷いて生地を流してもOKです。

recipe 120

アイスクリームを添えても◎
シナモンコーヒーの蒸しケーキ

× **材料（直径20cmのシリコンスチームなべ1個分）**

ホットケーキミックス	60g
A 砂糖	50g
シナモンパウダー	小さじ½
卵	1個
牛乳	大さじ2
インスタントコーヒー	大さじ1
バター	30g

× **作り方**

❶ 牛乳は電子レンジ（600W）で20秒加熱してあたため、インスタントコーヒーを加えてとかす。
❷ ボウルにホットケーキミックス、Aを入れてひとまぜし、ときほぐした卵、❶を加え、なめらかになるまで泡立て器でまぜる。
❸ バターを電子レンジで30秒ほど加熱してとかし、❷に加えてまぜる。
❹ シリコンスチームなべ（recipe 119参照）に生地を流し入れ、ふたをして電子レンジで4分30秒加熱する。レンジから出し、ふたをしたままあら熱をとる。
❺ なべに皿をかぶせ、ひっくり返してケーキをとり出す。

（齋藤真紀）

recipe 121
レモンの酸味とはちみつの自然な甘さが引き立つ
はちみつレモンの蒸しケーキ

※ 材料（直径20cmのシリコンスチームなべ1個分）
- ホットケーキミックス …… 60g
- 卵 …… 1個
- 牛乳 …… 大さじ1
- はちみつ …… 40g
- バター …… 30g
- レモン …… 1/2個

※ 作り方
1. ボウルにホットケーキミックスを入れ、ときほぐした卵、牛乳を加えてなめらかになるまで泡立て器でまぜ、はちみつを加えてまぜる。
2. バターを電子レンジ（600W）で30秒ほど加熱してとかし、①に加えてまぜる。
3. レモンは薄い輪切りにし、シリコンスチームなべ（recipe119参照）の底に並べる。生地を流し入れ、ふたをして電子レンジで4分30秒加熱する。レンジから出し、ふたをしたまま粗熱をとる。
4. なべに皿をかぶせ、ひっくり返してケーキをとり出す。

（齋藤真紀）

recipe 122
シフォンケーキみたいにふんわり！
エンジェルフードケーキ

※ 材料（直径18cmのボウル1台分）
- ホットケーキミックス …… 100g
- A [牛乳 …… 50ml / サラダ油 …… 大さじ2]
- 卵白 …… 2個分
- グラニュー糖 …… 40g

※ 作り方
1. ボウルに卵白を入れ、泡立て器でほぐす。グラニュー糖を加え、しっかりと角が立つまで泡立てる。
2. 別のボウルにAとホットケーキミックスを順に加え入れ、粉っぽさがなくなるまでよくまぜる。①を3回に分けて加え、ふんわりとまぜる。1回目は泡立て器でまぜ、2、3回目はゴムべらでふんわりまぜる。
3. 耐熱ボウルにサラダ油（分量外）を塗り、小麦粉（分量外）を振る。②の生地を流し入れ、一回り大きく切ったクッキングシートをふんわりのせて電子レンジ（600W）で2〜3分加熱する。
4. 倍くらいにふくらんだら、クッキングシートごとさかさにしてケーキクーラー（またはまないた）にのせて型のまま冷ます。こうしておくと型から生地が自然にはずれる。はずれないときは、縁をへらなどではがしてとり出す。
5. 適当な大きさに切り、好みではちみつやシロップを添える。

（石澤清美）

POINT
ラップよりもクッキングシートを使うと蒸気がほどよく抜ける。

POINT
加熱が終わったら、クッキングシートごとさかさにしてケーキクーラーにのせる。

Hotcake mix recipe 123 → 128

recipe 123
ホケミなら、生地をねかせなくてもOK！
しっとりクレープ

× **材料**（直径約20cm・8枚分）

ホットケーキミックス	100g
卵	1個
牛乳	130mℓ
バター	30g
サラダ油	適量
チョコレートソース、アイスクリーム（ともに市販品）	各適量

× **作り方**

❶ ボウルに卵を割り入れて泡立て器でほぐし、牛乳を加えてよくまぜる。ホットケーキミックスを加え、だまが残らないように手早くまぜる。

❷ バターは電子レンジ（600W）で30秒ほど加熱してとかし、①に加えてまぜる。

❸ フライパンを弱火で熱してサラダ油を入れ、キッチンペーパーで薄く塗り広げる。

❹ 生地をお玉1杯分弱くらい（約1/8量）流し入れ、フライパンを回して全体に広げる。縁のほうが色づいてきたら、竹ぐしなどを縁にぐるりとさし込んではがしやすくする。

❺ へらなどを使って返し、裏面もさっと焼いてとり出す。残りの生地も同様に焼き、四つ折りにして器に盛る。アイスクリームをのせ、チョコレートソースをかける。

（齋藤真紀）

トッピングで遊べる♪

クレープ

POINT

生地を流し入れたら、フライパンを回して全体に広げるようにすると薄くきれいに焼ける。

フライパンから生地をはがすように、竹ぐしをさし込む。

recipe 124
プチアイデア

アイスクリーム＆チョコソースのかわりにおうちにある好みのジャムを使っても。

余ったクレープで1品！

recipe 125
さっと煮るだけ。甘ずっぱいあったかおやつ
ハニーレモンシュゼット

× **材料と作り方**（4枚分）

❶ フライパンにレモン汁1/2個分、はちみつ大さじ2、砂糖大さじ5、水80mℓを入れ、火にかけて煮とかす。

❷ 折りたたんだクレープ4枚、レモンの薄切り1/2個分を入れ、2～3分煮からめる。

（黒木優子）

Part 2 まいにちのおやつ クレープ

recipe 126 カスタードバナナクレープ
クレープ屋さんの人気メニューをおうちで再現

材料（直径約20cm・6枚分）
- ホットケーキミックス … 80g
- バター … 20g
- A
  - 卵 … 1個
  - 砂糖 … 大さじ1
  - 牛乳 … 200ml
- サラダ油 … 適量
- B
  - 卵黄 … 1個分
  - 砂糖 … 大さじ2
  - ホットケーキミックス … 大さじ1
- 牛乳 … 180ml
- バナナ（角切り） … 1本

作り方
① 耐熱ボウルにバターを入れて電子レンジ（500W）で30秒ほど加熱してとかす。
② ボウルにAを入れてよくまぜ、ホットケーキミックス、①を順に加えて泡立て器でそのつどよくまぜる。
③ フライパンを熱してサラダ油を薄く引き、生地をお玉1杯分弱流し入れて薄く広げる。裏がきつね色になったら返し、さっと焼いてとり出す。残りの生地も同様に焼く。
④ 耐熱ボウルにBを入れて泡立て器ですりまぜ、牛乳を少しずつ加えてのばす。電子レンジで1分ほど加熱し、とり出してまぜる。これを2～3回くり返してクリーム状にする。
⑤ ③のクレープに④とバナナをのせてくるりと包む。好みでからいりしたココナッツを散らしても。 （黒木優子）

recipe 127 プチアイデア
カスタードクリームを生クリームに、ココナッツをチョコスプレーにかえても◎。

recipe 128 キウイソースのクレープ
たっぷりの卵と牛乳でリッチな味わい

材料（直径約22cm・8枚分）
- ホットケーキミックス … 100g
- 卵 … 2個
- 牛乳 … 260ml
- バター … 40g
- キウイ … 1個
- 砂糖 … 大さじ1 1/3

作り方
① 耐熱ボウルに牛乳の半量とバターを入れ、電子レンジ（600W）で30秒ほど加熱し、まぜてバターをとかす。ホットケーキミックスを加えて泡立て器でよくまぜ、できればこし器でこす。
② ボウルに卵を割りほぐし、①と残りの牛乳を加えてよくまぜる。
③ フライパンを熱してバター（分量外）をとかし、薄く広げる。②をお玉1杯分くらい流し入れて薄く広げ、裏がきつね色になったら返し、さっと焼いてとり出す。残りの生地も同様に焼く。
④ キウイは皮をむいて緑の部分（芯を除く）をすりおろし、砂糖を加えてまぜる。
⑤ 器に③を折りたたんで盛り、④をかける。好みで泡立てた生クリーム、ミントを添えても。 （石橋かおり）

recipe 129
オレンジヨーグルトクレープ
オレンジジュースの風味がさわやか

※ 材料（12〜16枚分）

ホットケーキミックス	100g
卵	2個
砂糖	大さじ2
オレンジジュース	200mℓ
バター	10g
プレーンヨーグルト	適量

※ 作り方

❶ボウルに卵を割り入れて泡立て器でほぐし、砂糖を加えてざらつきがなくなるまでまぜる。水100mℓを加えてのばし、ホットケーキミックスを加えて泡立て器でなめらかにまぜる。
❷オレンジジュースを加えてさらにのばし、電子レンジ（600W）で30秒ほど加熱してとかしたバターを加える。
❸フライパンに薄くバター（分量外）をとかし、お玉に七分目くらいの❷を薄く流し入れて、フライパンを回すように傾けて全体に広げる。弱火で表面がしっかり乾くまで焼く。残りも同様に焼く。
❹食べやすくたたんで器に盛り、ヨーグルトをかけて、あればセルフィーユを添える。

（石澤清美）

---

recipe 130
モカアイスクレープ
カプチーノ風のおしゃれクレープ

※ 材料（12〜16枚分）

ホットケーキミックス	100g
インスタントコーヒー	大さじ1
砂糖	大さじ2
卵	2個
牛乳	300mℓ
バター	10g
バニラアイスクリーム	適量

※ 作り方

❶ボウルにインスタントコーヒーを入れて熱湯大さじ1でとかし、砂糖を加える。卵を割り入れてざらつきがなくなるまで泡立て器でまぜ、牛乳100mℓを加えてまぜる。
❷ホットケーキミックスを加えてまぜ、残りの牛乳を少しずつ加えてなめらかにのばす。電子レンジ（600W）で30秒ほど加熱してとかしたバターを加えてまぜる。
❸フライパンにバター少々（分量外）をとかし、お玉に七分目くらいの❷を薄く流し入れて、フライパンを回すように傾けて全体に広げ、弱火で表面がしっかり乾くまで焼く。残りも同様に焼く。
❹食べやすくたたんで器に盛り、アイスクリームを添えて好みでシナモンを振る。

（石澤清美）

recipe 131 半熟卵のガレット風クレープ

半熟卵がとろ～り！ おしゃれなブランチに♪

材料（4枚分）
- ホットケーキミックス……100g
- 卵……5個
- 塩……少々
- 牛乳……150mℓ
- オリーブ油……大さじ1
- 生ハム……8枚
- ベビーリーフ（またはサラダ菜）……適量

作り方
❶ ボウルに卵1個を割り入れて泡立て器でほぐし、塩を加えまぜる。ざらつきがなくなったら牛乳50mℓを加えてのばす。ホットケーキミックスを加えまぜ、残りの牛乳とオリーブ油を加えてなめらかにのばす。
❷ 熱したフライパンに薄くバター（分量外）をとかし、①の¼量を流し入れる。フライパンを回すように傾けて全体に広げ、弱火でじっくりと焼く。
❸ 表面がほぼ乾いたら中心に卵1個を割り、ふたをして2分蒸し焼きにする。
❹ 四辺を折りたたみ、すべらせるように器に移す。生ハムとベビーリーフを添え、好みで黒こしょうを振る。残りも同様に作る。

（福岡直子）

recipe 132 プチアイデア

好みのきのこ数種類をオリーブ油でいため、塩、こしょうで味つけしたものを包んでもおいしい！

recipe 133 チーズドッグ風クレープ

チーズの塩けがきいたお食事クレープ

材料（6～8枚分）
- ホットケーキミックス……100g
- 卵……1個
- 塩……少々
- 牛乳……150mℓ
- バター……10g
- ピザ用チーズ……80g
- ベーコン……4枚

作り方
❶ ボウルに卵を割り入れて泡立て器でほぐし、塩を加えまぜる。ざらつきがなくなったら牛乳50mℓを加えてのばす。ホットケーキミックスを加えまぜ、残りの牛乳を加えてなめらかにのばす。
❷ バターを電子レンジ（600W）で30秒ほど加熱してとかし、①に加えまぜる。
❸ 熱したフライパンに薄くバター（分量外）をとかし、②をお玉に七分目くらい流し入れる。フライパンを回すように傾けて全体に広げ、弱火でじっくりと焼く。
❹ ③の表面が乾いたらチーズを散らし、ふたをして30秒ほど蒸らす。端からくるくると巻いていく。残りも同様に作る。
❺ 器に盛り、カリッと焼いたベーコンと好みでハーブを飾る。

（福岡直子）

材料(直径18cm・1台分)

ホットケーキミックス	150 g
卵	2個
A 砂糖	10 g
A 牛乳	400㎖
バター	大さじ1
ミックスフルーツ(缶詰)	100 g
クリームチーズ	100 g
B 砂糖	25 g
B レモン汁	小さじ1
生クリーム	100 g

チーズの酸味で生クリームよりもさっぱり

recipe 134 チーズクリームのミルクレープ

作り方

❶ ボウルに卵を割り入れて泡立て器でほぐし、Aとホットケーキミックスを順に加えまぜる。粉っぽさがなくなったら、電子レンジ(500W)で30秒ほど加熱してとかしたバターを加えてまぜる。

❷ 熱したフライパンにバター少々(分量外)をとかし、①をお玉に七分目くらい流し入れる。フライパンを回して全体に広げ、弱火で表面がしっかり乾くまで焼く。クレープは平らに重ねて冷ます。

❸ ミックスフルーツは汁けをよくきり、3mm厚さにスライスする。クリームチーズは電子レンジで30秒加熱してやわらかくし、ボウルに入れてよくねる。Bを加えてさらにねりまぜ、生クリームを加えてなめらかにのばす。

❹ ②のクレープに③のチーズクリームを薄く塗って生地を重ね、3枚に1回ずつミックスフルーツを散らす。同じ作業をくり返し行う。

❺ 冷蔵庫で15分ほど冷やし、好みの大きさに切り分ける。

(石澤清美)

recipe 135 桃のミルクレープ
桃のみずみずしい甘さが◎

✕ 材料（1台分）
ホットケーキミックス		200g
A	卵	1個
	牛乳	300ml
サラダ油		少々
B	生クリーム	200ml
	グラニュー糖	30g
黄桃（缶詰）		1缶
粉砂糖		少々

✕ 作り方
❶ボウルにAを入れてよくまぜ、ホットケーキミックスを加えて泡立て器でよくまぜる。
❷フライパンを熱してサラダ油を薄く引き、生地をお玉1杯分弱くらい流し入れて薄く広げる。きつね色になったら返し、さっと焼いてとり出す。残りも同様に焼き、10枚ほど作る。
❸ボウルにBを入れ、八分立てに泡立てる。黄桃は薄切りにする。
❹器にクレープを1枚敷いて、クリームを薄く塗り、上に黄桃を7〜8切れ並べる。さらにクリームを塗ってクレープを重ねる。これをくり返し、最後に粉砂糖を振る。（広沢京子）

recipe 136 オレンジどっさりミルクレープ
オレンジとカスタードの組み合わせがたまらない

✕ 材料（直径20cm・1台分）
ホットケーキミックス		200g
卵		3個
A	牛乳	450ml
	砂糖	大さじ3
バター		大さじ3
サラダ油		適量
B	卵黄	3個分
	薄力粉	30g
	砂糖	70g
牛乳		300ml
生クリーム		300ml
砂糖		大さじ2
オレンジ		2個
粉砂糖		適量

✕ 作り方
❶ボウルに卵を割り入れてAを加えて泡立て器でしっかりまぜる。ホットケーキミックスを加えてだまにならないようにまぜる。
❷バターを電子レンジ（600W）で1分ほど加熱してとかし、①に加えてまぜる。
❸樹脂加工のフライパンを熱してサラダ油を薄く塗り、②をお玉に七分目くらい流し入れ、手早くフライパンを回して全体に広げる。表面が乾いてきたら返してさっと焼く。残りも同様に焼く。15〜17枚できる。
❹カスタードクリームを作る。耐熱ボウルにBを入れてよくまぜ、牛乳を加えて泡立て器でしっかりとまぜ、電子レンジで2分加熱し、とり出してまぜる。再び1分30秒加熱し、とり出してまぜ、もう一度1分加熱し、とり出してよくまぜ、冷やす。
❺別のボウルで生クリームと砂糖をまぜ、七分立てに泡立てて④にまぜ、冷やす。
❻クレープを1枚広げて⑤を大さじ3くらいのせて塗り広げ、クレープ1枚をのせて手で押さえる。これをくり返してすべてのクレープを重ね、冷蔵庫で冷やす。
❼皮と薄皮を除いたオレンジを並べ、好みで粉砂糖を振り、セルフィーユを飾る。（福岡直子）

recipe 137
カステラをくるりと包んでケーキ仕立てに
いちごクレープケーキ

× 材料（6個分）

ホットケーキミックス	……………	60g
バター	……………………	20g
A 卵	……………………………	1個
きび砂糖	…………………	大さじ1
牛乳	……………………………	200mℓ
カステラ（市販品）	6×4.5×3cmを6切れ
いちご	…………………………	12個
B 生クリーム	…………………	75mℓ
グラニュー糖	……………	大さじ1

× 作り方

❶ バターは耐熱ボウルに入れて電子レンジ（600W）で15秒ほど加熱してとかす。

❷ ボウルにAを入れてよくまぜ、ホットケーキミックス、①を順に加えて泡立て器でそのつどよくまぜ、できればこし器でこす。

❸ フライパンを熱してバター少々（分量外）をとかし、キッチンペーパーで薄く広げる。生地をお玉1杯分くらい流して薄く広げ、きつね色になったら返し、さっと焼いてとり出す。残りの生地も同様に焼く。全部で6枚作る。

❹ ボウルにBを入れ、ふんわりと泡立てる。いちごは薄切りにする。

❺ カステラは厚みを半分に切り、下半分の断面に④のクリームを塗っていちごを並べ、さらにクリームを塗ってもう半分をのせる。③のクレープで包み、残ったクリームといちごを飾る。好みでミントを添えても。

（大森いく子）

POINT
カステラをクレープで包むときは、強く引っぱると破けてしまうので注意。そっと、ていねいに折りたたむのがコツ。

recipe 138 プリーツクレープ

折りたたんだら、くるっと巻けばOK！

✕ 材料（8個分）
- ホットケーキミックス ………… 50g
- 卵 …………………………………… 1個
- A
  - 砂糖 …………………… 大さじ1
  - 牛乳 …………………… 150mℓ
- バター ……………………………… 5g
- B
  - 鈴カステラ（市販品） ……… 8個
  - ドライフルーツナッツミックス（市販品） ……………… 適量
- ラズベリージャム ……………… 適量

✕ 作り方
❶ ボウルに卵を割り入れて泡立て器でほぐし、Aとホットケーキミックスを順に加えて粉っぽさがなくなるまでまぜる。
❷ バターを電子レンジ（500W）で30秒ほど加熱してとかし、①に加えてまぜる。
❸ 熱したフライパンにバター少々（分量外）をとかし、①をお玉に七分目くらい流し入れる。フライパンを回して全体に広げ、弱火で表面がしっかり乾くまで焼く。
❹ クレープのまん中に帯状にジャムを塗り、蛇腹に折りたたむ。端が交差するようにくるっと丸めて器におき、Bをのせてジャムでデコレーションする。（石澤清美）

POINT
クレープの焼き面が裏側になるようにおき、スプーンでジャムを帯状に塗る。

まずは上半分を蛇腹に折り返し、ひっくり返して残り半分も折り重ねる。

recipe 139 マスカルポーネが味の決め手
トライフル ティラミス風

材料（2個分）
- ホットケーキ …… 1枚
- マスカルポーネチーズ …… 200g
- A
  - 熱湯 …… 大さじ2
  - インスタントコーヒー …… 大さじ1
  - 砂糖 …… 大さじ1.5
- ココアパウダー …… 適量

作り方
1. シロップを作る。ボウルにAを入れてまぜ合わせ、冷ます。
2. ホットケーキは2cm角くらいに切る。
3. グラスに②を2〜3切れ入れ、①のシロップをハケでしみ込ませ、チーズ適量をのせる。これをくり返してグラス2個に等分に重ね入れ、最後に茶こしでココアパウダーを振る。（齋藤真紀）

気のきいたグラスデザート
トライフル

POINT
ホットケーキの表面にまんべんなくシロップをしみ込ませて。ハケがなければ、スプーンなどでもOK。

recipe 140 抹茶の香りが引き立つ素朴な甘み
抹茶と甘納豆のトライフル

材料（4個分）
- ホットケーキミックス …… 200g
- 抹茶 …… 小さじ2
- 卵 …… 1個
- 牛乳 …… 150ml
- サラダ油 …… 適量
- A
  - 生クリーム …… 120ml
  - 砂糖 …… 大さじ1/2
- 甘納豆 …… 1/2カップ
- みかん（缶詰）…… 小1/2缶

作り方
1. ボウルに卵を割りほぐし、牛乳を加えて泡立て器でまぜる。ホットケーキミックスを加え、抹茶をふるい入れ、よくまぜる。
2. フライパンを熱してサラダ油を薄く引き、生地の半量を流し入れ、両面を色よく焼く。もう1枚も同様に焼く。
3. ボウルにAを入れ、もったりとするまで泡立てる。
4. ②をサイコロ状に切り、③、甘納豆、みかんとともにグラス4個に等分に重ね入れる。（黒川愉子）

---

recipe 141 たっぷりのフルーツでさわやかなあと味
トライフル トロピカル風

材料（2個分）
- ホットケーキ …… 中1枚
- パイナップル、マンゴー …… 各100g
- キウイ …… 1個
- A
  - 生クリーム …… 100ml
  - 砂糖 …… 10g
- 熱湯 …… 大さじ1.5
- 砂糖 …… 大さじ1.5
- キルシュ …… 大さじ1/2

作り方
1. シロップを作る。熱湯に砂糖をまぜてとかし、冷めたらキルシュを加える。
2. フルーツはそれぞれ食べやすい大きさに切る。ボウルにAを入れ、七分立てに泡立てる。
3. ホットケーキは2cm角くらいに切る。
4. グラスに③を2〜3切れ入れ、①のシロップをハケでしみ込ませ、フルーツと②のクリームを適量のせる。これをくり返してグラス2個に等分に重ね入れ、最後にあればミントを飾る。（齋藤真紀）

recipe 142　ヨーグルトホイップオムレット
メレンゲを加えるとリッチな味わい

✕ 材料（2個分）
- ホットケーキミックス ……… 20g
- 卵白 ……… 1個分
- A
  - 牛乳 ……… 小さじ1
  - サラダ油 ……… 小さじ½
- グラニュー糖 ……… 10g
- 卵黄 ……… 1個分
- B
  - 生クリーム ……… 80mℓ
  - グラニュー糖 ……… 10g
- プレーンヨーグルト ……… 50g
- いちご ……… 5粒

✕ 作り方
❶ Aはよくまぜ合わせる。卵白は冷蔵庫で冷やす。
❷ 卵白をボウルに入れ、泡立て器で全体にあらい泡が立つまで泡立てる。グラニュー糖を3回に分けて加え、しっかりと泡立ててメレンゲを作る。
❸ 卵黄を加え、泡立て器でまぜる。
❹ ホットケーキミックスを加え、泡立て器でまぜる。粉っぽさがなくなったらAを加え、さっとまぜる。
❺ 樹脂加工のフライパンを熱して、一度ぬれぶきんにのせる。❹の半量を流し入れ、直径12cmくらいに広げる。弱めの中火にかけ、ふたをして1分30秒、返して1分焼く。残りも同様に焼き、器にとって冷ます。
❻ ボウルにBを入れ、氷水にあてながら泡立て器で八分立てに泡立てる。ヨーグルトを加えてゴムべらでまぜる。
❼ ❺に❻を¼量ずつ塗り広げ、縦半分に切ったいちごをのせる。残りの❻を等分にのせ、半分に折りたたむ。ふんわりとラップをし、冷蔵庫に30分以上入れて冷やす。

POINT メレンゲは角が立つまでしっかりと泡立てる。

recipe 143　プチアイデア
ミックスフルーツ缶をはさんでも。水っぽくならないよう、缶汁はしっかりきってから。

（下迫綾美）

しっとり生地でクリームをサンド

オムレット

recipe 144　ココアオムレット
チョコたーっぷり！がうれしい

✕ 材料（4個分）
- ホットケーキミックス ……… 100g
- ココアパウダー ……… 小さじ1
- とき卵 ……… ½個分
- 牛乳 ……… 90mℓ
- サラダ油 ……… 大さじ½
- チョコレート ……… 50g
- 生クリーム ……… 200mℓ
- バナナ（斜め薄切り） ……… 1本

✕ 作り方
❶ ボウルにホットケーキミックスを入れ、ココアパウダーを茶こしでふるいながら加え、泡立て器で全体をまぜる。
❷ 牛乳、卵を加えてよくまぜ、サラダ油も加えてまぜる。
❸ 樹脂加工のフライパンを中火で熱し、底をぬれぶきんにのせてから再び弱火にかけ、生地の¼量を流し入れて焼く。表面にプツプツと穴があいてきたら返してさらに1分ほど焼く。計4枚焼き、あら熱をとる。
❹ チョコレートはこまかく刻んでボウルに入れ、50度くらいの湯せんにかけて完全にとかす。湯せんからはずし、生クリームを少しずつ加えてよくまぜ、角が立つまで泡立てる。
❺ ❸に❹のクリームをしぼり、バナナを等分にのせ、半分に折る。

（齋藤真紀）

51

断面のぐるぐるがキュート♥

バウムクーヘン

recipe **145**

卵焼きの要領で太くしていくだけ！

プレーンバウムクーヘン

材料（1本分）

ホットケーキミックス	100g
卵	1個
牛乳	100ml
砂糖	30g
サラダ油	適量

❶厚紙を卵焼き器の幅×直径約1cmの筒状に丸める。テープでとめてアルミホイルで包み、表面にサラダ油少々を薄く塗る。

❷ボウルに卵を割り入れて泡立て器でときほぐし、牛乳を加えてよくまぜる。

❸砂糖、ホットケーキミックスを加えてだまが残らないように手早くまぜる。

❹卵焼き器を弱火で熱して、サラダ油少々を引き、キッチンペーパーで薄く塗り広げる。

❺生地をお玉1杯分弱くらい流し入れ、フライパンを傾けて全体に広げる。表面にプツプツと穴があいて少し乾いてきたら、❶の芯を奥においてフライ返しで手前に巻き、いったんとり出す。

POINT 生地は完全に乾くとくっつかないので、少し乾いてきたところで巻くのがコツ。

❻卵焼き器に2回目の生地を流し入れ、❺を奥においてと同様に巻き、とり出す。これを計6〜7回くり返し、すべての生地を巻き上げる。

❼完全に冷ましてから芯をはずし、好みの大きさにカットする。

（齋藤真紀）

> プレーン生地とまぜるだけ！

バウムクーヘンのバリエーション

recipe 146

Orange

オレンジの皮のほろ苦さをきかせて
オレンジバウム

✕ 材料と作り方（1本分）
❶オレンジの皮¼個分はなるべく白いわたの部分が入らないようにすりおろすか、白いわたを薄くそぎとってこまかく刻む。
❷ボウルに卵1個を割りほぐし、牛乳100mlを加えてよくまぜる。砂糖30ｇ、ホットケーキミックス100ｇ、①を加え、だまが残らないように手早くまぜる。
❸「プレーンバウムクーヘン」（p.52）の作り方④～⑦を参照し、同様に作る。
（齋藤真紀）

recipe 147

Coffee

濃厚な大人の味わい
コーヒーバウム

✕ 材料と作り方（1本分）
❶インスタントコーヒー大さじ1.5を熱湯大さじ1でとき、牛乳80mlに加える。
❷ボウルに卵1個を割りほぐし、①を加えてよくまぜ、砂糖30ｇ、ホットケーキミックス100ｇを加え、だまが残らないように手早くまぜる。
❸「プレーンバウムクーヘン」（p.52）の作り方④～⑦を参照し、同様に作る。
（齋藤真紀）

recipe 148

Almond

コクと風味がアップ
アーモンドバウム

✕ 材料と作り方（1本分）
❶ボウルに卵1個を割りほぐし、牛乳100mlを加えてよくまぜる。砂糖30ｇ、ホットケーキミックス60ｇ、アーモンドパウダー40ｇを加え、だまが残らないように手早くまぜる。
❷「プレーンバウムクーヘン」（p.52）の作り方④～⑦を参照し、同様に作る。
（齋藤真紀）

recipe 149

Tea

香りの強いアールグレイがおすすめ
紅茶バウム

✕ 材料と作り方（1本分）
❶紅茶の葉小さじ1はこまかく砕くか、すりこ木などでする。
❷ボウルに卵1個を割りほぐし、牛乳100mlを加えてよくまぜる。砂糖30ｇ、ホットケーキミックス100ｇ、①を加え、だまが残らないように手早くまぜる。
❸「プレーンバウムクーヘン」（p.52）の作り方④～⑦を参照し、同様に作る。
（齋藤真紀）

Hotcake mix recipe 150→153

かじるとサクッ、中はふんわり。

ドーナツ

recipe 150

できたてアツアツの香ばしさをぜひ！
ふっくらドーナツ

✕ 材料（8〜10個分）
ホットケーキミックス …… 200g
卵 ……………………………… 1個
牛乳 ………………………… 大さじ2
揚げ油 ……………………… 適量

❶ ボウルに卵を割り入れて泡立て器でときほぐし、ホットケーキミックスを加え、牛乳も加える。

❷ 指先を回すようにして生地をまぜ合わせる。ひとかたまりになってきたら、生地を折りたたんでは押すのをくり返しながら、粉けがなくなるまでまぜる。

❸ 台にラップを大きく広げ、生地がつかないように打ち粉（分量外、強力粉など）を振る。

POINT
もし生地がやわらかくて扱いにくくなったら、冷蔵庫で休ませて。

❹ ひとまとめにした❷をのせ、生地の上にも打ち粉を振ってラップをかけ、めん棒で5mmくらいの厚さにのばす。

❺ ドーナツ型に軽く打ち粉をつけ、生地にぐっとさし込んで抜く。中央の丸い部分も、いっしょに揚げてOK。

❻ 揚げ油を160度に熱し、❺を入れる。片面を2〜3分ずつ、きつね色になるまで揚げ、網にとる。

（齋藤真紀）

ドーナツ型がない場合は、コップで抜いてから、ペットボトルのキャップやびんのふたで中央をまるく抜けば、リング状に。

recipe 151 クリームチーズドーナツ
こってりアイシングがお店みたい

材料(約7個分)
- ホットケーキミックス ……… 200g
- 卵 ……… 1個
- 砂糖 ……… 小さじ½
- 牛乳 ……… 大さじ2
- 揚げ油 ……… 適量
- 卵白 ……… 大さじ1
- 粉砂糖 ……… 25g
- レモン汁 ……… 少々
- クリームチーズ(室温にもどす) ……… 50g
- ココアパウダー ……… 適量

作り方
❶ ボウルに卵を割り入れ、砂糖を加えて泡立て器でときほぐす。牛乳を加えてまぜ、ホットケーキミックスを加えてよくまぜたら、手でひとまとめにする。
❷ 台に打ち粉(分量外、強力粉など)を振り、生地を平らにのばしてドーナツ型で抜き、160度に熱した揚げ油で両面をきつね色に揚げる。
❸ 卵白に粉砂糖を少しずつ加えて泡立て器でまぜ、レモン汁を加えてまぜる。
❹ 別のボウルでクリームチーズをやわらかくねる。❸を少しずつ加えてまぜ、ポテッとしたらドーナツの上に塗り、好みでココナッツロングを飾る。ココアパウダーをつけて食べる。
(黒川愉子)

recipe 152 さつまいもとごまのミニドーナツ
一口サイズで食べやすい和テイスト

材料(15個分・5本分)
- ホットケーキミックス ……… 100g
- さつまいも ……… 50g
- A 〔とき卵 ……… ½個分
    牛乳 ……… 大さじ1〕
- いり黒ごま ……… 大さじ1
- 揚げ油、グラニュー糖 ……… 各適量

作り方
❶ さつまいもは1cm厚さの輪切りにして水にさらし、水けをきって耐熱皿に並べる。ラップをかけて電子レンジ(600W)で2分30秒加熱する。熱いうちに皮をむき、裏ごしするかていねいにつぶす。
❷ ボウルにAを入れて泡立て器でまぜ、ホットケーキミックスを加えてまぜる。❶とごまも加えてまぜ、手でひとまとめにし、ピンポン玉より少し小さいくらいの大きさに丸める。
❸ 揚げ油を160度に熱し、❷を入れてきつね色に揚げる。網にとり、熱いうちにグラニュー糖をまぶす。3個ずつくしに刺す。(黒川愉子)

recipe 153 ジェリードーナツ
割ると中からいちごジャムがトロリ

材料(4個分)
- ホットケーキミックス ……… 200g
- 卵 ……… 1個
- 牛乳 ……… 大さじ2
- いちごジャム ……… 大さじ4
- グラニュー糖、揚げ油 ……… 各適量

作り方
❶ いちごジャムは4等分して製氷皿などに入れ、冷凍庫で1～2時間凍らせる。
❷ ボウルに卵を割りほぐし、牛乳を加えて泡立て器でよくまぜ、ホットケーキミックスを加えてさらによくまぜる。
❸ 4等分した❷で❶を手早く包み、丸く形をととのえ、160度の揚げ油でじっくりと揚げる。熱いうちにグラニュー糖をまぶす。
(坂田阿希子)

※ジャムを凍らせておくと、生地から流れ出さず、包み込みやすい。

recipe 154

りんごは厚めに切って
食感を残すとおいしい

りんごのフリッター

※ 材料（5個分）

ホットケーキミックス	100g
A　とき卵	½個分
牛乳	大さじ4（60ml）
りんご（できれば紅玉）	1個
揚げ油、粉砂糖	各適量

※ 作り方

❶ りんごはよく洗って皮ごと横に1cm厚さに切り、包丁で芯をくりぬく。
❷ ボウルにAを入れて泡立て器でまぜ、ホットケーキミックスを加えてこねないようになめらかになるまでまぜる。
❸ りんごの両面に❷の衣をまんべんなくつけ、170度に熱した揚げ油に入れてきつね色になるまでゆっくりと揚げる。網にとって冷まし、粉砂糖を振る。

（渡辺麻紀）

recipe 155

もっちりとした仕上がり

とうふのドロップ
ドーナツ

※ 材料（16個分）

ホットケーキミックス	200g
木綿どうふ	200g
卵	1個
いり黒ごま	大さじ1
揚げ油、砂糖	各適量

※ 作り方

❶ ボウルにとうふを入れて泡立て器でくずし、卵を割り入れてなめらかにまぜ、ホットケーキミックスとごまを加えて粉っぽさがなくなるまでまぜる。
❷ ①を2本のスプーンで卵形にし、160度の揚げ油に落とし入れ、こまめに返して全体がきつね色になるまで揚げ、油をしっかりきる。
❸ 器に盛り、砂糖（写真はきび砂糖）を振る。

（石澤清美）

recipe 156
なつかしい味がするハワイの揚げパン
マラサダ

材料（約10個分）
- ホットケーキミックス …… 100g
- 卵 …… 1個
- 牛乳 …… 70㎖
- 揚げ油 …… 適量
- A
  - グラニュー糖 …… 50g
  - シナモンパウダー …… 小さじ1

作り方
1. 卵は卵黄と卵白に分ける。
2. ボウルにホットケーキミックスを入れ、牛乳を加えてよくまぜ、卵黄も加えてまぜる。
3. 別のボウルに卵白を入れ、角が立つまで泡立て、②に加えてさっくりとまぜ合わせる。
4. 揚げ油を160度に熱し、③の生地をスプーンで静かに落とし入れる。ときどき返しながら、3〜4分かけてきつね色になるまで揚げ、網にとる。
5. あら熱がとれたら、よくまぜたAをまぶす。

（齋藤真紀）

recipe 157
野菜入りの変わりドーナツ
野菜の2色ドーナツ

材料（16個分）
- ホットケーキミックス …… 200g
- ブロッコリー、にんじん …… 各60g
- 卵 …… 2個
- 牛乳 …… 大さじ2
- 揚げ油 …… 適量

作り方
1. ブロッコリーはみじん切りにし、にんじんはすりおろす。
2. ボウルに卵を割り入れて泡立て器でほぐし、牛乳を加えてなめらかにまぜ、ホットケーキミックスを加えて粉っぽさがなくなるまでまぜる。半分に分け、ブロッコリーとにんじんをそれぞれに加えて2色の生地を作る。
3. 2本のスプーンで卵形にととのえて160度の揚げ油に落とし入れ、下側が薄く色づいたら返す。こまめに返して全体がきつね色になるまで揚げ、油をしっかりきる。好みでレモンを添える。

（石澤清美）

recipe 158
沖縄のデイリーおやつは素朴な味わい
サーターアンダギー

材料（20個分）
- ホットケーキミックス …… 200g
- 卵 …… 2個
- 黒砂糖 …… 50g
- 揚げ油 …… 適量

作り方
1. ボウルに卵を割り入れ、泡立て器でほぐし、黒砂糖を加えてなめらかにまぜる。ホットケーキミックスを加えて粉っぽさがなくなるまでまぜる。
2. 160度の揚げ油に①をスプーンで丸めながら入れる。スプーンに薄く油（分量外）を塗って丸めるといい。全体がきつね色になり、ひび割れるまで揚げ、しっかり油をきる。

（石澤清美）

カリッとした衣がたまらない

アメリカンドッグ

recipe 159

太いソーセージで作る、定番おやつ
ボリュームアメリカンドッグ

× 材料（3～4本分）

A ┌ ホットケーキミックス …… 50g
　└ 牛乳 …………………… 50㎖
ソーセージ（太め）………… 3～4本
揚げ油、トマトケチャップ …… 各適量

× 作り方

❶ ボウルにAを入れて泡立て器でよくまぜ、かたければ牛乳を足して調節する。
❷ ソーセージはくしに刺して全体に①の衣をつけ、170度に熱した揚げ油に入れて、薄いきつね色になるまで揚げる。器に盛り、ケチャップをかける。（ほりえさわこ）

POINT
スプーンで生地をすくってかけると、ソーセージの全体にまぶしやすい。つけたらすぐに揚げ油に入れる。

✕ 材料（5本分）
ホットケーキミックス　　　　　　　100g
卵　　　　　　　　　　　　　　　　1個
牛乳　　　　　　　　　　大さじ4（60㎖）
うずら卵（水煮）　　　　　　　　　10個
揚げ油　　　　　　　　　　　　　　適量

✕ 作り方
❶うずら卵は水けをきり、2個ずつ竹ぐしに刺す。
❷ボウルに卵を割りほぐし、牛乳を加えてまぜ、ホットケーキミックスを加えてまぜる。
❸①を②の衣にくぐらせて余分な衣を落とし、160度に熱した揚げ油に入れ、きつね色になるまで揚げる。
（石橋かおり）
※うずら卵のほか、シューマイやカマンベールチーズでも（作り方下記参照）。

recipe 160　中身をかえていろいろ楽しめる
お楽しみドッグ

recipe 161　シューマイ
市販のシューマイを衣にくぐらせ、同様に揚げる。

recipe 162　カマンベールチーズ
「お楽しみドッグ」の作り方②でホットケーキミックスといっしょに青のり小さじ1〜2を加えてまぜる。一口大に切ったカマンベールチーズを衣にくぐらせ、同様に揚げる。

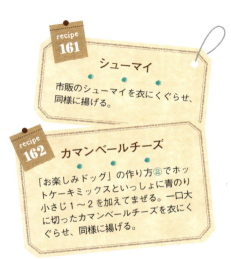

recipe 163　とろっと甘くなったバナナが絶品！
バナナドッグ

✕ 材料（2本分）
A ┌ ホットケーキミックス　　　　100g
　 └ 牛乳　　　　　　　　　　　100㎖
バナナ　　　　　　　　　　　　　　1本
揚げ油　　　　　　　　　　　　　　適量

✕ 作り方
❶バナナは半分の長さに切って、くしに刺す。
❷ボウルにAを入れてよくまぜ、小さめのバットまたは器に流し入れる。
❸バナナを転がすようにして②の衣をつけ、170度に熱した揚げ油に入れて、きつね色になるまで揚げる。
（齋藤真紀）

和菓子

ホケミと和食材は好相性

recipe 164

はちみつとみりんで、
しっとり焼ける
どら焼き

✕ 材料（6個分）
ホットケーキミックス
　　　　　　　　100g
卵　　　　　　　2個
はちみつ　　　　60g
みりん　　　　大さじ1
あん（市販品。
　粒あんでもこしあんでも
　好みで）　　　180g

✕ 作り方
❶ ボウルに卵を割り入れて泡立て器でほぐし、はちみつとみりんを加えてなめらかにまぜ、ホットケーキミックスを加えてさらにまぜる。
❷ ホットプレートまたは樹脂加工のフライパンを熱して❶をお玉に半量くらいずつ流し入れ、直径8〜10cmくらいに広げる。きつね色になったら返して少し焼く。計12枚焼く。焼き上がった生地はまないたなどにのせてあら熱をとり、2枚の裏面同士を合わせておくとよい。
❸ あんは6等分し、❷を返して平らにのせ、もう1枚ではさむ。残りも同様に作る。

（石澤清美）

recipe 165

あんみつ風の具材をサンド
フルーツどら焼き

✕ 材料（6個分）
ホットケーキミックス……100g
A ┌ 卵　　　　　　　1個
　├ 牛乳　　　　大さじ2
　├ はちみつ　　大さじ1
　└ みりん　　　小さじ2
こしあん（市販品）……60g
クリームチーズ……60g
キウイ（いちょう切り）……½個
みかん（缶詰）……6房くらい

✕ 作り方
❶ ボウルにAを入れて泡立て器でよくまぜ、ホットケーキミックスを加えてよくまぜる。
❷ 樹脂加工のフライパンを中火で熱し、底をぬれぶきんにのせてから再び弱火にかけ、生地大さじ2を楕円形に流し入れて焼く。表面にプツプツと穴があいてきたら返してさっと焼く。計6枚焼き、半分に折って冷ます。
❸ あん、クリームチーズ、キウイ、みかんを❷に等分にのせてはさむ。

（黒木優子）

POINT

冷めてから折ると割れやすいので、焼きたてをふきんでくるんで半分に折る。

recipe 166 バナナバターどら焼き
あんことバナナはテッパンの組み合わせ！

材料（12個分）
- ホットケーキミックス……100g
- 卵……2個
- はちみつ……40g
- 砂糖……40g
- 粒あん（市販品）……150g
- バター（室温にもどす）……30g
- バナナ（5mm厚さの輪切り）……1本

作り方
❶ボウルに卵を割り入れて泡立て器でほぐし、水50ml、はちみつ、砂糖を加えてまぜ、砂糖が完全にとけたら、ホットケーキミックスを加えてまぜる。
❷樹脂加工のフライパンを熱して①をお玉に半量ずつ楕円形に流し入れて焼く。きつね色になったら返して軽く焼く。計12枚焼く。
❸バターはなめらかにねり、あんとまぜる。バナナとともに②にのせて二つ折りにする。　　（石澤清美）

recipe 167 抹茶どら焼き
抹茶を入れた皮で上品な味わい

材料（7～8個分）
- ホットケーキミックス……100g
- 抹茶……小さじ½
- 卵……1個
- 牛乳……60ml
- サラダ油……少々
- 生クリーム……100ml
- ゆであずき（缶詰）……100g

作り方
❶ホットケーキミックスに抹茶を茶こしでふるいながら加え、泡立て器で全体をまぜる。
❷ボウルに卵を割りほぐし、牛乳、①の順に加えてまぜる。
❸フライパンを熱してサラダ油を薄く引き、生地を直径6cmくらいにまるく流し入れ、両面を色よく焼き、あら熱をとる。計14～16枚作る。
❹生クリームは軽く角が立つくらいに泡立て、あずきを加えてよくまぜる。
❺③を2枚1組にして、④のクリームをはさむ。　　（小島喜和）

recipe 168 ごまあん入りお魚焼き
生地をお魚に見立てて焼いて

材料（20個分）
- ホットケーキミックス……100g
- 卵……2個
- A：砂糖……80g／みりん……小さじ1
- こしあん……150g
- すり黒ごま……15g

作り方
❶ボウルに卵を割り入れて泡立て器でほぐし、水50mlを加えてAをまぜ、砂糖が完全にとけたら、ホットケーキミックスを加えてまぜる。
❷あんにごまを加えてしっかりとまぜ、20等分して細長い円柱状に丸めておく。
❸樹脂加工のフライパンを熱して①をお玉に半量弱ずつ長楕円形に流し入れて焼く。きつね色になったら返して少し焼く。
❹②をのせて半分に折りたたみ、10秒ほど押さえてなじませ、とり出す。火にかざして熱した金ぐしを押しつけて目、尾ひれを描く。　　（石澤清美）

recipe 169

栗の食感がリッチな焼きまんじゅう

さっくり栗まん

✕ 材料（10個分）
ホットケーキミックス	200g
卵	1個
牛乳	大さじ1
栗の甘露煮（市販品）	80g
粒あん（市販品）	80g
いり白ごま	少々

✕ 作り方

❶ 栗は5mm角くらいに刻んであんとまぜ、10等分して丸める。
❷ ボウルに卵を割り入れて泡立て器でほぐし、牛乳、ホットケーキミックスの順に加えてしっかりとなめらかにねりまぜる。
❸ 細長い俵形に丸めて包丁で10等分に切り、一つずつ丸く形づくる。
❹ ❸を少し平らにし、❶をのせて縁を引っぱって包み込む。とじ目を下にしてこするようにしてしっかりととじること。
❺ 樹脂加工のフライパンを熱してとじ目を下にして❹を並べ、表面に少しごまをのせてふたをし、弱火で焼き色がつくまでじっくりと焼く。返して軽く押さえ、再びふたをして焼き色がつくまでしっかりと焼く。

（石澤清美）

POINT 丸めた生地をつぶすように平らにし、あんをのせたら縁を引っぱって包み、しっかりととじる。

---

recipe 170

外はカリカリ、中はふんわり！

かりんとう

✕ 材料（4人分）
ホットケーキミックス	100g
卵白	1個分
サラダ油	小さじ1
揚げ油	適量
黒砂糖	50g

✕ 作り方

❶ ボウルに卵白とサラダ油、水小さじ1を入れてよくまぜ、ホットケーキミックスを加えて耳たぶより少しかためになるように手でこねる。水が足りなければ少量ずつ足していく。
❷ 直径7〜8mmの棒状にのばして5cm長さに切り、160度の揚げ油でこんがりと揚げ、油をきって冷ます。
❸ なべに黒砂糖と水大さじ2を入れてとかしながら煮詰め、照りが出てきたら❷を入れてからめ、固まらないうちに手早くクッキングシートに広げて冷ます。

（藤井 恵）

Part 3

プレゼントにも
おすすめ
焼き菓子

ちょっとハードルが高そうな焼き菓子も、
ホットケーキミックスで作ればラクチン。
オーブンでじっくり焼くものだけでなく、
オーブントースターで作れるクッキーや
卵焼き器で作るロールケーキまで、
ちょっとびっくりのレシピも盛りだくさん。
プレゼントや持ち寄りパーティーにもどうぞ。

Hotcake mix recipe × 171→173

一度にたくさん作れるからプレゼントにも

クッキー

recipe
171

素朴な甘さと軽い口どけが自慢
トースタークッキー

× **材料（約20個分）**
ホットケーキミックス …… 100g
バター（室温にもどす）…… 50g
砂糖 …………………… 20g
卵黄 …………………… 1個分
牛乳 …………………… 大さじ1

❶ ボウルにやわらかくしたバター、砂糖を入れて泡立て器ですりまぜる。

❷ 白っぽくなったら、卵黄を加えてさらによくまぜる。

❸ ホットケーキミックスを加え、ゴムべらに持ちかえて切るようにまぜる。

❹ 7割くらいまぜ合わせ、まだ粉けが残る状態で牛乳を加え、なめらかになるまでまぜる。

クッキーはスプーン2本を使ってトレーに落としていくことで、簡単に成形できます。スプーンの背で軽く押して、薄く平らに形をととのえて。焼き時間が短くても中が生焼けにならず、サクサクの仕上がりに。

❺ オーブントースターのトレーにクッキングシートを敷く。スプーン2本を水でぬらし、生地をすくって間隔をあけてのせ、軽く押して平らに形をととのえる。トースターで6～7分焼き、うっすらと焼き色がついたら、熱いうちにケーキクーラーにとり出して冷ます。　（齋藤真紀）

recipe 172

キャラメルの甘みと食感にハマる
キャラメルクッキー

✕ 材料（約20個分）

ホットケーキミックス	100g
バター（室温にもどす）	50g
砂糖	20g
卵黄	1個分
牛乳	大さじ1
キャラメル（市販品）	4個（約20g）

✕ 作り方

❶ キャラメルはこまかく刻む。
❷ ボウルにやわらかくしたバター、砂糖を入れて泡立て器ですりまぜ、白っぽくなったら卵黄を加えてよくまぜる。
❸ ホットケーキミックスを加えてゴムべらでまぜ、まだ粉けが残る状態で牛乳、①を加え、なめらかになるまでまぜる。
❹ オーブントースターのトレーにクッキングシートを敷き、「トースタークッキー」（p.64）の作り方⑤と同様に生地を落とし、形をととのえて6〜7分焼き、冷ます。　　（齋藤真紀）

recipe 173

きな粉を加えると
ほろほろの食感に
きな粉クッキー

✕ 材料（約20個分）

ホットケーキミックス	60g
きな粉	40g
バター（室温にもどす）	50g
砂糖	20g
卵黄	1個分
牛乳	大さじ1

✕ 作り方

❶ ボウルにやわらかくしたバター、砂糖を入れて泡立て器ですりまぜ、白っぽくなったら卵黄を加えてよくまぜる。
❷ ホットケーキミックスときな粉を加えてゴムべらでまぜ、まだ粉けが残る状態で牛乳を加え、なめらかになるまでまぜ合わせる。
❸ 生地を20等分してボール状に丸めてから平らにつぶす。
❹ オーブントースターのトレーにクッキングシートを敷き、③をのせて6〜7分焼く。表面にうっすらと焼き色がついたら、熱いうちにケーキクーラーにとり出して冷ます。

（齋藤真紀）

recipe 174

香ばしさと甘ずっぱさがあとを引く
くるみとレーズンのクッキー

✕ 材料（約20個分）

ホットケーキミックス	100g
バター（室温にもどす）	50g
砂糖	20g
卵黄	1個分
牛乳	大さじ1
くるみ、レーズン	各20g

✕ 作り方

❶ くるみはあらく刻む。
❷ ボウルにやわらかくしたバター、砂糖を入れて泡立て器ですりまぜ、白っぽくなったら卵黄を加えてよくまぜる。
❸ ホットケーキミックスを加えてゴムべらでまぜ、まだ粉けが残る状態で牛乳、①とレーズンを加え、なめらかになるまでまぜ合わせる。
❹ オーブントースターのトレーにクッキングシートを敷き、「トースタークッキー」（p.64）の作り方⑤と同様に生地を落とし、形をととのえて6〜7分焼き、冷ます。
（齋藤真紀）

recipe 175

塩けとうまみで、おつまみにも！
チーズクッキー

✕ 材料（約20個分）

ホットケーキミックス	100g
バター（室温にもどす）	50g
砂糖	10g
卵黄	1個分
牛乳	大さじ1
粉チーズ	大さじ2

✕ 作り方

❶ ボウルにやわらかくしたバター、砂糖を入れて泡立て器ですりまぜ、白っぽくなったら卵黄を加えてよくまぜる。
❷ ホットケーキミックス、粉チーズを加えてゴムべらでまぜ、まだ粉けが残る状態で牛乳を加え、なめらかになるまでまぜ合わせる。
❸ オーブントースターのトレーにクッキングシートを敷き、「トースタークッキー」（p.64）の作り方⑤と同様に生地を落とし、形をととのえて6〜7分焼き、冷ます。
（齋藤真紀）

recipe 176

ほの甘いかぼちゃの味を感じて
かぼちゃクッキー

✕ 材料（約20個分）
ホットケーキミックス	100g
バター（室温にもどす）	50g
かぼちゃ	正味60g
砂糖	20g
卵黄	1個分
牛乳	大さじ1

✕ 作り方
❶ かぼちゃは1cm角に切る。耐熱容器に並べ、ラップをかけて電子レンジ（600W）で1分加熱し、冷ます。
❷ ボウルにやわらかくしたバター、砂糖を加えて泡立て器ですりまぜ、白っぽくなったら卵黄を加えてよくまぜる。
❸ ホットケーキミックスを加えてゴムべらでまぜ、まだ粉けが残る状態で牛乳、❶を加え、なめらかになるまでまぜ合わせる。
❹ オーブントースターのトレーにクッキングシートを敷き、「トースタークッキー」（p.64）の作り方❺と同様に生地を落とし、形をととのえて6～7分焼き、冷ます。

（齋藤真紀）

recipe 177

さつまいも入りの生地が素朴な甘さ
さつまいものクッキー

✕ 材料（約12枚分）
ホットケーキミックス	100g
さつまいも	正味200g
バター（室温にもどす）	50g
砂糖	40g
いり白ごま	大さじ2

✕ 作り方
❶ さつまいもはよく洗い、皮つきのまま1cm厚さに切って水を2～3回かえながらさらす。ざっと水けをきって耐熱容器に入れ、ラップをかけて電子レンジ（600W）でやわらかくなるまで加熱する。半量は熱いうちにあらくつぶし、冷ます。
❷ ボウルにやわらかくしたバター、砂糖を入れ、白っぽくなるまでしっかりとすりまぜる。ホットケーキミックスと❶のつぶしたさつまいもを加えてさっくりとまぜる。
❸ オーブンの天板にクッキングシートを敷く。生地をスプーンで間隔をあけて落とし、広げるようにして厚みをならす。❶で残したさつまいもをさいころ状に切ってのせ、ごまを振って170度のオーブンで12分ほど焼く。

（渡辺麻紀）

recipe 178
ナッツのカリカリ感がいいアクセント
シュガーナッツクッキー

× 材料（約30枚分）
ホットケーキミックス	200g
バター（室温にもどす）	80g
砂糖	50g
卵黄	1個分
カシューナッツ	50g

× 作り方
❶カシューナッツは塩がたっぷりまぶしてあるものは払い落とし、生ならオーブントースターの弱で5分ほどローストしてあらく刻む。
❷ボウルにやわらかくしたバターを入れ、泡立て器でねる。砂糖を2回に分けて加え、ざらつきがなくなるまでまぜて卵黄を加え、ホットケーキミックスをふるい入れてまぜる。
❸材料がよくまざったら、カシューナッツを加え、粉っぽさがなくなるまでしっかりとゴムべらでまぜる。
❹生地をひとまとめにしてポリ袋に入れ、時間があれば冷蔵庫で30分ほど休ませる。
❺直径3cmくらいのボール状に丸め、丸くするときは指で押し、三日月形にするときは、細長くのばしてくの字に折る。焼き上がりが均一になるように、厚みはそろえる。
❻クッキングシートを敷いた天板に間隔をあけて並べ、170度のオーブンで15分ほど焼く。熱いうちにフライ返しなどでケーキクーラーにのせ、冷ます。（石澤清美）

recipe 179
ジャムとナッツの名コンビ！
アーモンドジャムリングクッキー

× 材料（約30枚分）
ホットケーキミックス	200g
バター（室温にもどす）	100g
砂糖	50g
卵黄	1個分
カットアーモンド	100g
卵白	適量
ラズベリージャム（または好みのジャム）	大さじ3

× 作り方
❶ボウルにやわらかくしたバターを入れ、泡立て器でねる。砂糖を2回に分けて加え、ざらつきがなくなるまでまぜて卵黄を加え、ホットケーキミックスをふるい入れてまぜる。生地をひとまとめにしてポリ袋に入れ、時間があれば冷蔵庫で30分ほど休ませる。
❷生地を直径3cmくらいのボール状に丸めてから少し平らにし、ときほぐした卵白にくぐらせてアーモンドをまぶす。
❸クッキングシートを敷いた天板に間隔をあけて並べ、中央をへこませてジャム少々をのせる。170度のオーブンで15〜20分焼く。熱いうちにフライ返しなどでケーキクーラーにのせ、冷ます。（石澤清美）

recipe 180
サクサク、ほろほろの食感
型抜きサブレ

× 材料（約25枚分）
ホットケーキミックス	150g
チョコレート	20g
バター（室温にもどす）	50g
砂糖	20g
卵	1個

× 作り方
❶チョコレートはこまかく刻む。
❷ボウルにやわらかくしたバター、砂糖を入れ、ざらつきがなくなるまでまぜ合わせる。卵とホットケーキミックスも順に加えまぜる。
❸②を2等分し、半量には①を加える。それぞれひとまとめにしてポリ袋に入れ、冷蔵庫で30分ほど休ませる。
❹ポリ袋の上から5mm厚さにのばす。薄く薄力粉（分量外）を振った型で抜く。クッキングシートを敷いた天板に間隔をあけて並べ、170度のオーブンで15〜20分焼く。くずれやすいのでフライ返しなどですくってケーキクーラーにのせ、冷ます。（石澤清美）

recipe 181〜182 クラックル

ひび割れたような外見がユニーク！

材料（直径4cm・各28個分）

【抹茶のクラックル】
- ホットケーキミックス …… 60g
- 抹茶 …… 大さじ1.5
- コーンスターチ …… 40g
- アーモンドパウダー …… 50g
- バター（室温にもどす）…… 100g
- 粉砂糖 …… 30g
- 粉砂糖（まぶす用）…… 適量

【コーヒーのクラックル】
- ホットケーキミックス …… 80g
- インスタントコーヒー …… 小さじ1
- コーンスターチ …… 40g
- アーモンドパウダー …… 50g
- バター（室温にもどす）…… 100g
- 粉砂糖 …… 30g
- 粉砂糖（まぶす用）…… 適量

作り方（共通）

❶ ボウルにやわらかくしたバターを入れてまぜ、粉砂糖を加えて白っぽくなるまですりまぜる。
❷ ホットケーキミックス、コーンスターチ、アーモンドパウダー、抹茶（またはインスタントコーヒー）をふるい入れ、ゴムべらでよくまぜる。
❸ 生地を28等分して丸め、冷凍庫で10分ほど冷やして固める。
❹ 容器に粉砂糖（まぶす用）をたっぷり入れ、❸を1つずつ入れてまぶしつける。クッキングシートを敷いた天板に並べ、170度のオーブンで15〜20分焼き、ケーキクーラーなどにのせて冷ます。

（石橋かおり）

recipe 183 おからのミニクッキー

コロコロ丸めて焼いた一口サイズ

材料（約60個分）
- ホットケーキミックス …… 150g
- おから …… 150g
- バター（室温にもどす）…… 50g
- グラニュー糖 …… 50g
- 卵 …… 1個

作り方

❶ おからは耐熱容器に広げ、ラップをかけずに電子レンジ（600W）で5分加熱する。一度とり出してまぜ、さらに5分加熱してすぐにとり出す。まぜながら冷ましてホロホロに乾燥させる。
❷ ボウルにやわらかくしたバターを入れて泡立て器でねり、グラニュー糖を2回に分けて加える。ざらつきがなくなるまでまぜ合わせ、卵とホットケーキミックスを順に加えてまぜる。
❸ ❶のおからを加えてよくまぜ、直径2cm大に丸めてグラニュー糖（分量外）をしっかりまぶす。
❹ クッキングシートを敷いた天板に❸を並べ、160度のオーブンで25分ほど焼き、ケーキクーラーにのせて冷ます。

（石澤清美）

しみじみやさしい味わい
お砂糖なしのシンプルクッキー

砂糖を加えないシンプルなクッキーは素朴な味わいで、アレンジも自由自在。少ない材料で作れるのもうれしい！

recipe 184　しっかり火を通してサクサクに仕上げて
ミルクビスケット

✕ 材料(15個分)
- A
  - ホットケーキミックス ……… 100g
  - バター …………………………… 40g
- 牛乳 ……………………………… 20mℓ

✕ 作り方
❶ ボウルにAを入れ、手でバターをつぶしながらまぜ、サラサラのおから状にする。牛乳を加え、なめらかになるまでまぜる。
❷ 15等分して7mm厚さに平たく丸め、フォークの背で模様をつける。クッキングシートまたはアルミホイルを敷いたトレーに並べ、オーブントースターで10分ほど焼く。途中で焦げそうになったら、アルミホイルをかぶせる。

（本間節子）

Arrange 1

Arrange 2

recipe 185　ビスケットを台にしてクリームをしぼるだけ
モンブラン

✕ 材料と作り方
市販のマロンペースト適量を生クリーム適量でやわらかくのばし、ミルクビスケットの上にしぼる。好みで粉砂糖を振り、チョコ菓子を添える。
（本間節子）

recipe 186　ビスケットごと凍らせたひんやりおやつ
アイスクリームサンド

✕ 材料と作り方
ミルクビスケット2枚で好みのアイスクリーム適量をはさんでラップで包み、冷凍庫で冷やし固める。
（本間節子）

recipe 187
チーズ&トマトがオツな味
チーズスティック

✕ 材料(20本分)
- A
  - ホットケーキミックス ……… 100g
  - バター ……… 20g
- トマトジュース ……… 20mℓ
- 粉チーズ ……… 20g

✕ 作り方
❶ ボウルにAを入れ、手でバターをつぶしながらまぜ、サラサラのおから状にする。トマトジュースと粉チーズを加え、なめらかになるまでまぜる。
❷ ラップではさんで5mmほどの厚さにのばし、冷凍庫で10分ほど冷やし固める。
❸ 5mm幅のスティック状に切り、クッキングシートまたはアルミホイルを敷いたトレーに並べ、オーブントースターで8分ほど焼く。途中で焦げそうになったら、アルミホイルをかぶせる。

(本間節子)

recipe 188
カリカリッ!とした歯ごたえがアクセント
コーンフレーククッキー

✕ 材料(15個分)
- A
  - ホットケーキミックス ……… 100g
  - バター ……… 40g
- 卵黄 ……… 1個分
- コーンフレーク ……… 30g

✕ 作り方
❶ ボウルにAを入れ、手でバターをつぶしながらまぜ、サラサラのおから状にする。卵黄を加え、なめらかになるまでまぜる。
❷ コーンフレークを砕きながら加えてよくまぜる。
❸ 15等分して平たく丸め、クッキングシートまたはアルミホイルを敷いたトレーに並べ、オーブントースターで10分ほど焼く。途中で焦げそうになったら、アルミホイルをかぶせる。

(本間節子)

Hotcake mix recipe × 189→191

ビジュアルのかわいさにノックアウト♥

ロールケーキ

recipe 189

卵白をしっかり泡立てて
加えるとふわふわに

いちごクリームのロールケーキ

✕ 材料（3本分）

ホットケーキミックス	100g
牛乳	80㎖
卵黄、卵白	各1個分
サラダ油	大さじ½
A　生クリーム	100㎖
砂糖	10g
いちご	5〜6個

❶ボウルにホットケーキミックスを入れ、牛乳を加えて泡立て器でよくまぜる。卵黄も加えてムラなくまぜる。

❷卵白は別のボウルに入れ、ハンドミキサーで角が立つまで泡立てて①に加え、さっくりとまぜ、サラダ油を加えてまぜる。

❸卵焼き器を弱火で熱してサラダ油少々（分量外）を入れ、キッチンペーパーで薄く塗り広げ、生地の⅓量を流し入れる。

❹表面にプツプツと穴があいてきたら返してさらに1分ほど焼き、皿などにとり出して冷ます。残りの生地も同様に焼いて冷ます。

❺ボウルにAを入れて角が立つまで泡立て、いちごは4〜6等分に切る。ラップに④を1枚のせ、生クリームの⅓量を奥1㎝ほど残して塗り広げる。いちごの⅓量を散らし、ラップごと持ち上げてのり巻きの要領で巻く。残りも同様に巻き、少し落ち着かせてから好みの厚さに切る。

（齋藤真紀）

recipe 190 プチアイデア

いちご以外にカットしたキウイフルーツなどを入れても。

recipe 191

絶対おいしい！ 甘〜い組み合わせ
チョコバナナロールケーキ

✕ 材料（3本分）

ホットケーキミックス	100g
牛乳	80mℓ
卵黄、卵白	各1個分
サラダ油	大さじ½
チョコレート	60g
バナナ（小）	3本

✕ 作り方

❶ ボウルにホットケーキミックスを入れ、牛乳、卵黄、角が立つまで泡立てた卵白、サラダ油の順に加え、泡立て器でそのつどまぜる（「いちごクリームのロールケーキ」〈p.72〉の作り方①②参照）。

❷ 卵焼き器を弱火で熱し、サラダ油少々（分量外）を引いて生地の⅓量を流し入れる。表面にプツプツと穴があいてきたら返してさらに1分ほど焼き、皿などにとり出して冷ます。計3枚焼く。

❸ チョコレートはこまかく刻んでボウルに入れ、50度くらいの湯せんにかけて完全にとかす。

❹ ラップに②を1枚のせ、③の⅓量を全体に広げ、バナナ1本を手前にのせる。ラップごと持ち上げてのり巻きの要領で巻く。残りも同様に巻き、好みの厚さに切る。

（齋藤真紀）

POINT
バナナが大きい場合は、生地の幅に合わせて切るとよい。

recipe 192 どこかなつかしい味わい
黒ごまあんこロールケーキ

※ 材料(3本分)
ホットケーキミックス	100g
牛乳	80ml
卵黄、卵白	各1個分
サラダ油	大さじ½
いり黒ごま	大さじ1
こしあん(市販品)	300g

※ 作り方
❶ボウルにホットケーキミックスを入れ、牛乳、卵黄、角が立つまで泡立てた卵白、サラダ油、ごまの順に加え、泡立て器でそのつどまぜる(「いちごクリームのロールケーキ」〈p.72〉の作り方①②参照)。
❷卵焼き器を弱火で熱し、サラダ油少々(分量外)を引いて生地の⅓量を流し入れる。表面にプツプツと穴があいてきたら返してさらに1分ほど焼き、皿などにとり出して冷ます。計3枚焼く。
❸ラップに②を1枚のせ、こしあんの⅓量を全体に広げ、ラップごと持ち上げてのり巻きの要領で巻く。残りも同様に巻き、好みの厚さに切る。

(齋藤真紀)

recipe 193 プチアイデア

あんこといっしょに刻んだ栗の甘露煮を包むのもおすすめ。

recipe 194 クリームチーズとぶどうをおしゃれに！
ぶどうのミニロールケーキ

※ 材料(8本分)
ホットケーキミックス	100g
A 卵	1個
牛乳	100ml
砂糖、サラダ油	各大さじ2
クリームチーズ(室温にもどす)	100g
ぶどう(皮ごと食べられる品種)	8〜10粒
粉砂糖	適量

※ 作り方
❶やわらかくしたクリームチーズはクリーム状になるまでねる。
❷ボウルにAをまぜ合わせ、ホットケーキミックスを加えて粉けがなくなるまでまぜ合わせる。
❸卵焼き器を熱して薄くサラダ油(分量外)を引き、生地を流し入れる。表面にプツプツと穴があいてきたら返して30秒〜1分ほど焼く。皿などにとり出して冷ます。計8枚焼く。
❹③の両端を切り落としてラップにのせ、手前端1cm、奥3cmを残して①を塗り広げる。半分に切ったぶどうを並べてのり巻きの要領で巻き、冷蔵庫で休ませる。
❺好みで粉砂糖を振り、残ったクリームチーズとくし形に切ったぶどうを飾る。

(コモモデル　岡部花子)

オーブンなら大きく焼ける!

recipe 195 ヨーグルトクリームのフルーツロールケーキ
酸味のあるクリームがフルーツの甘さと好バランス

材料（長さ25cm・1本分）
- ホットケーキミックス……50g
- 卵……2個
- 砂糖……40g
- 牛乳……大さじ1
- プレーンヨーグルト……50g
- A 生クリーム……50ml
- A 砂糖……大さじ1
- ミックスフルーツ（缶詰）……60g

作り方

❶卵は卵黄と卵白に分ける。卵白は軽くほぐして砂糖を加え、角が立つまでしっかりと泡立てる。卵黄と牛乳を加えてよくまぜ、ホットケーキミックスをふるい入れ、さっくりとまぜる。

❷クッキングシートを敷いた天板に流し入れ、170度のオーブンで10〜15分焼き、ケーキクーラーにのせてあら熱をとり、ラップで包んで冷ます。

❸フルーツは缶汁をきって1cm角に切る。ヨーグルトにAを順に加えてもったりするくらいまで泡立てる。

❹スポンジのクッキングシートをはがし、手前にスポンジを移動し、巻いたときに割れないように、手前に2cm間隔に2本、包丁の背を押し当てて折り線をつける。あれば画用紙を敷く。

❺❸のクリームを奥2cmほど残して手前を厚めに塗り、全体にフルーツを散らす。手前のクリームを芯にするようにクッキングシートを持って巻き始め、しっかり巻く。あれば画用紙でぎゅっとひと巻きし、形をととのえる。画用紙ごと輪ゴムでとめて冷蔵庫で10分以上冷やして落ち着かせる。（石澤清美）

POINT
スポンジ生地をクッキングシートの手前に移動して包むようにぎゅっと巻いていく。

POINT
画用紙などを巻きすがわりに利用して形をととのえ、しっかり巻いた状態で輪ゴムでとめて冷やす。

recipe 196 さつまいもクリームのココアロールケーキ
まったりとしたクリームが濃厚な味わい!

材料（長さ25cm・1本分）
- ホットケーキミックス……50g
- 卵……2個
- ココア……5g
- 砂糖……50g
- 牛乳……大さじ1
- さつまいも……正味150g
- A りんごジャム……60g
- A 砂糖……小さじ1
- 生クリーム……大さじ3

作り方

❶卵は卵黄と卵白に分ける。卵白は軽くほぐして砂糖を加え、角が立つまでしっかりと泡立てる。卵黄と牛乳を加えてよくまぜる。

❷ホットケーキミックスにココアを加え、❶にふるい入れてさっくりとまぜる。

❸クッキングシートを敷いた天板に生地を流し入れ、170度のオーブンで10〜15分焼く。ケーキクーラーにのせてあら熱をとり、ラップで包んで冷ます。

❹さつまいもは皮をむき、一口大に切ってゆでる。竹ぐしがすっと通る程度でゆで汁を捨て、なべを揺すりながら水分をとばして粉ふきにし、熱いうちにフォークでつぶす。Aを加えてなめらかにまぜ、冷めてから生クリームを加える。

❺「ヨーグルトクリームのフルーツロールケーキ」（上）の作り方❹、❺を参照してスポンジに折り線をつけ、クリームを塗ってぎゅっと巻き、形をととのえる。冷蔵庫で10分以上冷やし、好みの厚さに切る。（石澤清美）

材料をどんどん加えて焼くだけ

マフィン＆マドレーヌ

recipe 197
ブルーベリー入りの
シンプルマフィン
アメリカンマフィン

× 材料（8〜10個分）

ホットケーキミックス	150g
バター（室温にもどす）	60g
砂糖	40g
はちみつ	20g
卵	2個
牛乳	50mℓ
ブルーベリー（生）	100g

× 作り方

❶ボウルにやわらかくしたバターを入れ、泡立て器でふんわりとねる。砂糖を2回に分けて加え、ざらつきがなくなるまでよくまぜ合わせる。はちみつも加えまぜてなめらかにする。
❷分離しないようにホットケーキミックスを大さじ1程度加えまぜてから、といた卵を少量ずつ加えてしっかりまぜ合わせる。
❸ホットケーキミックスの半量を加えて粉っぽさがなくなるまでまぜ合わせる。牛乳を加えてなめらかにし、残りのホットケーキミックスをだまにならないようにまぜる。
❹マフィンカップの⅓くらいまで生地を流し入れ、ブルーベリーを散らす。残りの生地を流し入れ、さらにブルーベリーを飾る。天板に並べて150度のオーブンで20〜25分焼く。
（石澤清美）

recipe 198
南国フルーツをのせてカラフルに！
マンゴートロピカルマフィン

× 材料（12個分）

ホットケーキミックス	150g
マンゴー	1個
バター（室温にもどす）	60g
砂糖	60g
卵	2個
粉砂糖	適量

× 作り方

❶マンゴーは皮をむいて種をとり、100g分をフォークなどでつぶし、残りは飾り用にスライスする。つぶしたマンゴーは耐熱容器に入れ、ラップをかけずに電子レンジ（600W）で3分加熱して水分をとばす。
❷ボウルにやわらかくしたバターを入れ、泡立て器でふんわりとねる。砂糖を2回に分けて加え、ざらつきがなくなるまでよくまぜ合わせる。といた卵を数回に分けて加えまぜ、マンゴーも加えまぜる。
❸ホットケーキミックスをだまにならないように加えまぜる。プリンカップまたはマフィン型に紙カップをおき、七分目くらいまで生地を流し入れる。スライスしたマンゴーを飾り、170度のオーブンで15〜25分焼く。仕上げに粉砂糖を振る。
（石澤清美）

recipe 199

**甘ずっぱい香りと
ほろ苦さがアクセント**

はちみつみかんマフィン

※ 材料（6個分）
ホットケーキミックス	200g
卵	2個
みかん	1個
バター	50g
はちみつ	大さじ2

※ 作り方
❶ なべにバターを入れて中火にかけ、とけて泡が出てきたら火を弱める。茶色に色づいたら火からおろす。
❷ みかんは皮と薄皮をむいて1cm厚さに切り、皮は白い部分をそぎとってせん切りにする。ボウルに合わせ、はちみつを加えまぜて20〜30分つける。
❸ 別のボウルに卵を割りほぐし、①の焦がしバターをまぜ合わせる。ホットケーキミックス、②を加えて粉けがなくなるまでさっくりとまぜる。
❹ マフィン型に紙カップを敷き、スプーンで等分に生地を入れて170度のオーブンで20〜25分焼く。

（コモモデル　深谷佐和）

recipe 200

ほのかなメープルシロップの甘みが舌の上でとろける

マドレーヌ

※ 材料（アルミカップ12個分）
ホットケーキミックス	100g
卵	2個
砂糖	60g
メープルシロップ	70g
バター	100g
牛乳	大さじ1

※ 作り方
❶ ボウルに卵を割り入れて泡立て器でほぐし、砂糖とメープルシロップを加えてまぜる。
❷ バターは電子レンジ（600W）で1分加熱してとかし、①に加える。牛乳も加えてとろとろにまぜる。ホットケーキミックスをふるい入れ、泡立て器でしっかりとまぜる。
❸ アルミカップの七分目くらいまで生地を流し入れ、180度のオーブンで10〜20分焼く。

（石澤清美）

POINT
とかしバターを加えてよくまぜるのがマドレーヌのポイント。

スコーン

recipe 201 さっくりスクエアスコーン
バターの香りとサクサク感が決め手

材料（約10個分）
- ホットケーキミックス … 200g
- バター … 80g
- 卵黄 … 1個分
- 牛乳 … 大さじ2

作り方
1. バターは1cm角に切り、使う直前まで冷蔵庫で冷やす。
2. ボウルにホットケーキミックスと冷やした①を入れ、バターに粉をまぶすように指先ですり合わせてポロポロにする。
3. 卵黄と牛乳を②に加えてゴムべらでまぜ、生地をすくい上げては重ねるようにして一つにまとめる。生地がやわらかくなってしまったり、時間に余裕のあるときはポリ袋に入れて30分ほど冷蔵庫で冷やす。
4. ポリ袋の上からめん棒で2cmくらいの厚みにのばし、打ち粉（分量外、薄力粉など）を振ったまないたにとり出し、包丁で正方形に切り分ける。切れ端は重ねて再び成形する。
5. クッキングシートを敷いた天板に間隔をあけて並べ、170度のオーブンで15〜20分焼く。バターやジャムを添えてアツアツのうちに食べる（冷めてかたくなったら電子レンジで少しあたためるとよい）。

（石澤清美）

POINT 指先ですり合わせてポロポロにする。バターが体温でとけないように手早く！

---

recipe 202 ブルーベリースコーン
甘ずっぱさに手がとまらない！

材料（10個分）
- ホットケーキミックス … 200g
- バター … 80g
- 塩 … 小さじ½
- 牛乳 … 50mℓ
- ブルーベリー（生）… 60g

作り方
1. バターは1cm角に切り、使う直前まで冷蔵庫で冷やす。
2. ボウルにホットケーキミックスと塩をふるい入れて冷やした①を加え、バターに粉をまぶすように指先ですり合わせてポロポロにする。
3. 牛乳を加え、ゴムべらでまぜてから手でこね、ブルーベリーを加える。つぶさないように気をつけてひとまとめにする。
4. 打ち粉（分量外、薄力粉など）を振ったまないたに③をのせ、めん棒で9×19cm、2cm厚さくらいにのばし、三角形に切る。
5. クッキングシートを敷いた天板に④をのせ、ハケで牛乳（分量外）を塗り、200度のオーブンで25分焼く。

（石橋かおり）

recipe 203
ホワイトチョコとクランベリーがマッチ
クランベリースコーン

✕ 材料（6個分）
- ホットケーキミックス …… 200g
- とかしバター …………… 50g
- ドライクランベリー ……… 30g
- 牛乳 ……………………… 大さじ2
- ホワイトチョコレート …… 20g

✕ 作り方
❶ ボウルにとかしバターを入れてホットケーキミックスを加え、こねないようにへらでこまかく切るようにまぜる。
❷ しっとりとしてきたら牛乳とクランベリーを加えてまぜ、しっかりとひとまとめにし、ラップで包んで冷蔵庫で30分冷やす。
❸ ②をまないたの上にのせ、めん棒で10×15cm程度にのばし、三角形になるよう4等分に切る。170度のオーブンで15分焼き、ケーキクーラーにのせてあら熱をとる。湯せんにかけてとかしたホワイトチョコレートをかける。
（ダンノマリコ）

recipe 204
柿は焼くと甘みが増しておいしい！
柿とアーモンドのスコーン

✕ 材料（6個分）
- ホットケーキミックス …… 200g
- バター …………………… 30g
- 牛乳 ……………………… 大さじ2
- アーモンド ……………… 30g
- 柿 ………………………… 1個

✕ 作り方
❶ アーモンドはあらく刻み、柿は1cm角に切る。
❷ ボウルにバターを入れ、電子レンジ（600W）で加熱してとかし、ホットケーキミックスを加えてゴムべらで切るようにまぜる。ポロポロとしてきたら、①と牛乳を入れてさっとまぜ合わせる。
❸ 生地を6等分して軽くまとめ、クッキングシートを敷いた天板に並べる。180度のオーブンで15～20分焼く。（コモモデル 宮間かや乃）

recipe 205
ミントの香りがふわっと広がる
ハートのチョコミントスコーン

✕ 材料（約12個分）
- ホットケーキミックス …… 200g
- バター …………………… 80g
- 卵黄 ……………………… 1個分
- 牛乳 ……………………… 大さじ1
- チョコレート …………… 40g
- ミントティー
   …大さじ½（ティーバッグ1袋分）

✕ 作り方
❶ バターは1cm角に切り、使う直前まで冷蔵庫で冷やす。チョコレートはこまかく刻む。ミントティーは、紅茶の茶葉が入っているものは刻む。
❷ ボウルにホットケーキミックスとチョコレート、ミントティーを入れて軽くまぜ、冷やしたバターを散らす。バターに粉をまぶすように指先ですり合わせてポロポロにする。
❸ 卵黄と牛乳を合わせて加え、ひとまとめにする。ポリ袋に入れて30分ほど冷蔵庫で冷やし、2cmくらいの厚さにのばしてハート型で抜く。切れ端も重ねて再び成形する。
❹ クッキングシートを敷いた天板に間隔をあけて並べ、170度のオーブンで15～20分焼く。（石澤清美）

パウンドケーキ

焼きっぱなしだから実はラクチン

recipe 206

ほのかに香るレモンが
上品な味わい

レモン風味の パウンドケーキ

× **材料**(18×8×6cmの パウンド型1台分)

ホットケーキミックス	120g
バター	90g
グラニュー糖	90g
卵	2個
A [レモン汁	小さじ2
レモンの皮のすりおろし	½個分

× **準備**
- 材料はすべて室温にもどす。
- パウンド型に合わせて切ったクッキングシートを敷く。

❶ボウルにバターを入れ、ゴムべらでなめらかな状態までねる。グラニュー糖も加え、泡立て器で白っぽくふんわりとした状態になるまでまぜる。

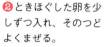

❷ときほぐした卵を少しずつ入れ、そのつどよくまぜる。

❸ホットケーキミックスを3回に分けて加え、そのつどゴムべらでまぜる。2回目を加えてまぜたらAを加えてまぜ、残りのホットケーキミックスを加えまぜる。

❹全体にツヤが出て粉けがなくなったら、準備した型に生地を入れ、ゴムべらで表面をならす。型の底を台に軽くたたきつけ、170度のオーブンで40〜45分焼く。竹ぐしを刺して何もついてこなければすぐに型からはずし、ケーキクーラーにのせて冷ます。　（下迫綾美）

recipe 207 マーブルパウンドケーキ

卵とバターを使わないから軽い口あたり

✕ 材料（底7×21cmのパウンド型1台分）
- ホットケーキミックス ……… 200g
- A
  - 豆乳 ……………………… 100㎖
  - オリーブ油 ……………… 100㎖
  - 砂糖 ……………………… 大さじ3
- にんじんのすりおろし ……… 50g
- カシューナッツ ……………… 6粒

✕ 準備
・パウンド型に合わせて切ったクッキングシートを敷く。

✕ 作り方
❶ ボウルにAを入れ、泡立て器でしっかりとまぜ合わせる。
❷ ホットケーキミックスを加え、粉けがなくなるまでまぜ合わせる。生地の⅓量を別のボウルにとり分け、にんじんを加えまぜてにんじん生地を作る。
❸ 準備した型に、プレーン生地とにんじん生地を交互に重ねて入れ、カシューナッツをのせる。170度のオーブンで35～40分焼く。

（コモモデル　宮間かや乃）

POINT

2色の生地はきっちり重ねなくてもOK。焼き上がると断面がきれいなマーブル模様に。

recipe 208
紅茶とマーマレードのパウンドケーキ
紅茶＆かんきつの香りと風味をきかせて

※ 材料（底5×14cmのパウンド型2台分）

ホットケーキミックス	200g
とかしバター	100g
牛乳	100ml
卵	1個
マーマレード	大さじ5
ナツメグ	小さじ¼
紅茶の葉	大さじ1
マーマレード（仕上げ用）	大さじ2

※ 準備
・パウンド型に合わせて切ったクッキングシートを敷く。

※ 作り方
❶ボウルに卵を割りほぐし、マーマレード、ナツメグ、とかしバター、牛乳を合わせてトロッと乳化するまでよくまぜ合わせる。
❷ホットケーキミックス、紅茶を加え、粉けがなくなるまでまぜる。
❸準備した型に流し入れ、ゴムべらで表面をならし、170度のオーブンで20〜25分焼く（焼き始めて10分たったら、表面に包丁で縦に1本切り目を入れるときれいに焼き上がる）。型からはずして冷まし、マーマレードを塗り、好みの厚さに切り分けて器に盛り、好みで生クリームを添える。（ダンノマリコ）

recipe 209
バナナブレッド
黒砂糖とバナナの濃厚な甘みで満足感は◎

※ 材料（18×8×6.5cmのパウンド型1台分）

ホットケーキミックス	150g
バター（室温にもどす）	100g
黒砂糖（なければ上白糖）	70g
卵	2個
バナナ	2本
レモン汁	小さじ1

※ 作り方
❶バナナは150gをフォークでつぶし、残りは薄い輪切りにしてレモン汁をからめる。
❷ボウルにやわらかくしたバターを入れ、泡立て器でクリーム状にねる。黒砂糖を加え、ざらつきがなくなるまでよくまぜる。分離しないようにホットケーキミックスを大さじ1程度加えまぜ、といた卵を少量ずつ加えてしっかりまぜ合わせる。
❸つぶしたバナナ、残りのホットケーキミックスを加え、粉けがなくなるまでまぜ合わせる。
❹型にバター（分量外）を薄く塗り、小麦粉（分量外）を振って、❸を流し入れる。ゴムべらなどで表面をならし、中央に筋をつけて輪切りのバナナをのせ、160度のオーブンで45分〜1時間焼く。型のまま冷ましてとり出す。（石澤清美）

Part3 焼き菓子／パウンドケーキ

recipe
210

一晩おいて
しっとりさせてもおいしい！

いちじくのパウンドケーキ

✕ 材料
（底7×21cmのパウンド型1台分）

A ┌ ホットケーキミックス ……… 200g
　 └ シナモンパウダー ……… 小さじ1
卵 ……………………………… 1個
オリーブ油 ………………… 大さじ2
いちじく …………………………… 3個
砂糖 ………………………… 大さじ3

✕ 準備
・パウンド型に合わせて切ったクッキングシートを敷く。

✕ 作り方
❶いちじくは3枚ほど薄切りにして飾り用にとり分け、残りは5～6等分のざく切りにして砂糖をまぶし、10～15分おいてなじませる。

❷ボウルに卵を割り入れ、オリーブ油を加えてしっかりとまぜ合わせる。砂糖をまぶしたいちじくとAを加え、粉けがなくなるまでまぜ合わせる。

❸準備した型に流し入れて、❶のいちじくの薄切りをのせる。170度のオーブンで35分ほど焼き、型からはずして冷ます。

（コモモデル　三笠真由）

---

recipe
211

型に入れずに包むだけで作れるからお手軽！

さつまいものホイル焼きケーキ

✕ 材料（8個分）
ホットケーキミックス ……… 200g
さつまいも ……………………… 150g
卵 …………………………………… 2個
砂糖（あればてんさい糖など）
　　　　　　　　　　　　 30g
牛乳 ……………………………… 50mℓ
レーズン ………………………… 30g

✕ 作り方
❶さつまいもは適当に切ってゆで、50gくらいをとり分けてスライスし、残りは余分な水分をとばして熱いうちにフォークでつぶす。

❷ボウルに卵を割り入れて泡立て器でほぐし、砂糖を入れてざらつきがなくなるまでまぜる。つぶしたさつまいもと牛乳を加えてまぜ、ホットケーキミックスをふるい入れてまぜ、レーズンも加える。

❸アルミホイルを20cm長さに切って薄くサラダ油（分量外）を塗り、8等分した❷を横長におく。スライスしたさつまいもをのせてゆったりと横長に包む（焼くとふくらむので余裕をもたせること）。

❹180度のオーブンでホイルがパンパンにふくらむまで15分ほど焼く。
（石澤清美）
※オーブントースターでもトレーにのせて焼けばOK。

楽しいアレンジいろいろ!

そのほかのおやつ

あこがれのタルトタタンもホケミでラクラク!

recipe 212 タルトタタン風ケーキ

× 材料（直径18cm・1台分）

- A
  - ホットケーキミックス ……… 200g
  - 卵 ……… 1個
  - 牛乳 ……… 150ml
- りんご ……… 4個
- グラニュー糖 ……… 90g
- バター ……… 40g
- レモン汁 ……… 適量

× 作り方

❶ りんごは皮をむいて縦4等分に切る。バターはちぎる。

❷ なべにりんごを入れてグラニュー糖を全体に振りかけ、バター、レモン汁を加えて中火にかける。途中、りんごに火が通ったら返す。水分がなくなってカラメル色になるまで20～30分煮る。

❸ 型にバター（分量外）を薄く塗り、❷のりんごを敷き詰める。ボウルにAを入れてよくまぜ合わせ、りんごの上から流し入れる。200度のオーブンで20分ほど焼き、あら熱がとれたら型からはずす。（コモモデル　岡部花子）

POINT

りんごは型の中央に向かって、すき間ができないように敷き詰める。

recipe 213 パイナップルとチェリーのケーキ
フライパンで焼くから、失敗なし!

✕ 材料(直径22～25cm・1台分)
ホットケーキミックス	200g
卵	2個
牛乳	150ml
砂糖	60g
バター	30g
パイナップル(缶詰)	4枚
ダークチェリー(缶詰)	7個

✕ 作り方
❶バターは電子レンジ(600W)で40秒ほど加熱してとかし、あら熱をとる。卵は割りほぐし、パイナップル3枚は半分に切る。
❷ボウルにホットケーキミックスを入れて砂糖を加え、卵、牛乳、❶のとかしバターを順に加えてよくまぜる。
❸フライパンにクッキングシートを敷き、中央にまるいパイナップル、まわりに半分に切ったパイナップルを並べ、パイナップルの穴にチェリーをおく。
❹❷の生地を入れて平らにならし、ふたをして弱火で20分焼く。縁をフライ返しなどではがして皿をかぶせ、さかさまにしてとり出す。
(飯田順子)

POINT クッキングシートは四つ折りにして角を丸く切り、周囲に切り込みを入れてフライパンの形に合わせる。

recipe 214 オレンジチーズケーキ
ふんわりとした焼き上がりのスフレ風

✕ 材料(1人用耐熱容器・4個分)
ホットケーキミックス	50g
クリームチーズ	50g
砂糖	20g
卵	2個
牛乳	200ml
オレンジ	2～3個

✕ 作り方
❶オレンジは皮をむいて厚めの輪切りにする。クリームチーズは電子レンジ(600W)で20秒ほど加熱する。
❷やわらかくしたクリームチーズと砂糖をボウルに入れ、クリーム状になるまでまぜる。ときほぐした卵とホットケーキミックスを順に加えまぜ、牛乳でなめらかにのばす。
❸耐熱容器にバター(分量外)を薄く塗り、オレンジを並べる。❷を流し入れ、180度のオーブンで15分ほど焼く。好みで粉砂糖を振る。
(石澤清美)

recipe 215
さくさくとふわふわ、1個で二度おいしい！
パイのせモンブラン

✕ 材料（5個分）
ホットケーキミックス ……… 100g
バター ……………………… 50g
砂糖 ………………………… 50g
卵 …………………………… 1個
牛乳 ………………………… 大さじ2
栗の甘露煮 ………………… 2粒
【トッピング】
冷凍パイシート …………… 1枚
栗の甘露煮 ………………… 180g
牛乳 ………………………… 80〜90㎖
粉砂糖 ……………………… 適量

✕ 準備
・バターは室温にもどす。
・冷凍パイシートは解凍する。

✕ 作り方
❶ボウルにやわらかくしたバターと砂糖を入れ、泡立て器で白っぽくなるまでまぜる。卵を割りほぐして少しずつ加え、ふんわりするまでよくまぜる。
❷ホットケーキミックスの半量を❶に加えてまぜ、牛乳と残りのホットケーキミックスを交互に少しずつ加えながら、なめらかになるまでまぜ合わせる。
❸栗はあらみじんに切って❷に加えまぜる。
❹耐熱容器に紙カップを入れ、生地を流して180度のオーブンで15〜20分焼く。
❺解凍したパイシートはフォークで穴をあけて180度のオーブンで10分ほど、色づくまで焼き、あらく砕く。
❻トッピング用の栗はあらく刻んでなべに牛乳とともに入れ、中火で煮る。つぶしながらやわらかくなるまで煮て、どろっとしてきたら火を止めてあら熱をとる。熱いうちにフードプロセッサーかすりこ木でなめらかにする。
❼❹に❻、❺をのせ、粉砂糖を振る。

（みなくちなほこ）

recipe 216
ホケミのタルト生地にさっぱりクリームを詰めて
ヨーグルトクリームタルト

※ 材料（小9個分）
- ホットケーキミックス …………… 200g
- バター ……………………………… 40g
- 牛乳 ………………………………… 大さじ1
- プレーンヨーグルト ………… 1パック（450g）
- ジャム（アプリコット、ラズベリー、ブルーベリーなど） ………… 各小さじ1

※ 作り方

❶ ざるにキッチンペーパーを敷き、ヨーグルトを入れて冷蔵庫に一晩おき、しっかり水きりする。

❷ バターは1cm角程度に切り、牛乳とともに冷蔵庫で冷やす。

❸ ボウルにホットケーキミックスと❷のバターを入れ、両手でこすり合わせるようにまぜる。ポロポロになったら牛乳を加えてまぜ、ひとまとめにする（水分が足りないときは牛乳を少し足す）。冷蔵庫で30分ほど休ませる。

❹ 生地を9等分してめん棒で2mm厚さ程度にのばし、タルト型に敷き詰めて手でなじませ、底全体にフォークで穴をあける。

❺ 160度のオーブンで15～20分焼く。途中、底が盛り上がりすぎたらスプーンなどで押さえる。きつね色に焼けたらとり出し、型からはずす。

❻ ❶を3等分してジャムを加えてまぜ、❺に詰める。あればセルフィーユを飾る。　（みなくちなほこ）

※ 材料（4本分）
- ホットケーキミックス …………… 50g
- サラダ油 …………………………… 大さじ2
- 塩 …………………………………… ひとつまみ
- 卵 …………………………………… 1～1.5個
- コーティング用チョコレート …… 100g
- スプレーチョコ …………………… 大さじ1
- アーモンドダイス ………………… 大さじ1

※ 作り方

❶ 耐熱ボウルにサラダ油、塩、水100mlを入れて泡立て器でまぜ、ラップをかけずに電子レンジ（600W）で3分加熱する。

❷ とり出したらすぐにホットケーキミックスを一気に加えてまぜ合わせる。さらに電子レンジで1分加熱する。

❸ 卵を割りほぐして❷に数回に分けて加え、そのつどへらでよくまぜる。生地を持ち上げるとゆっくり落ちるくらいのなめらかさになったらOK。

❹ 天板にクッキングシートを敷き、❸の生地を天板の上に間隔をあけてしぼり出し、霧吹きで水をかける。200度のオーブンで20分、160度に下げて15分焼く。

❺ チョコレートを湯せんでとかして❹にかけ、スプレーチョコとアーモンドを散らす。

（みなくちなほこ）

recipe 217
ながーく作ればインパクトばつぐん！
ロングエクレア

recipe 218

カリッと香ばしいクランブルと
フルーツのハーモニー

黄桃とプルーンのクランブル

材料（4人分）
A ┌ ホットケーキミックス……100g
　└ 砂糖……………………40g
バター……………………50g
黄桃（缶詰）…………1缶(240g)
プルーン…………………6〜8粒

作り方
❶バターは1cm角に切り、使う直前まで冷蔵庫で冷やす。
❷ボウルにAとバターを入れ、バターに粉をまぶしつけるように指ですり合わせて全体をあずき大のポロポロとした状態にする。
❸耐熱容器にバター（分量外）を薄く塗り、汁けをきった黄桃とプルーンを並べて❷を全体にのせる。
❹180度のオーブンで15〜20分、表面に焼き色がつくまで焼く。
（石澤清美）

材料（30×20cmの天板1枚分）
ホットケーキミックス……………100g
プレーンヨーグルト………………500mℓ
ドライいちじく……………………150g
卵……………………………………2個
砂糖…………………………………100g
バター………………………………50g

作り方
❶ざるにキッチンペーパーを敷き、ヨーグルトをのせて30分ほどおき、よく水きりする。いちじくは1個を4〜6等分に切る。
❷ボウルに卵を割り入れて泡立て器でほぐし、砂糖を加えてざらつきがなくなるまでしっかりとまぜ合わせる。①のヨーグルトも加えてなめらかになるまでまぜる。ホットケーキミックスといちじくの⅔量を加えまぜる。
❸バターを電子レンジ（600W）で40秒加熱して②に加え、底から大きくまぜ合わせる。
❹天板にクッキングシートを敷いて③を流し入れ、ゴムべらで表面をならして残りのいちじくとあれば松の実を飾る。170度のオーブンで30分ほど焼く。
❺クッキングシートごとケーキクーラーにのせて冷まし、スティック状にカットする。
（石澤清美）

recipe 219

プチプチとしたいちじくの食感が楽しい

いちじくのヨーグルトスティック

Part 3 焼き菓子｜そのほかのおやつ

recipe 220
メープルシロップの香りと甘さが口どけのよい生地とマッチ
メープルシロップのシフォンケーキ

材料（直径17cmのシフォン型1台分）

ホットケーキミックス	100g
A 卵黄	3個分
A メープルシロップ	50g
A 牛乳	大さじ2
サラダ油	大さじ3
卵白	4個分
グラニュー糖	30g

作り方

❶ ボウルにAを入れてまぜ、サラダ油を加えて泡立て器でしっかりとまぜる。油が完全にまざったらホットケーキミックスをふるい入れ、だまにならないようによくまぜる。

❷ 別のボウルに卵白をときほぐし、グラニュー糖を加えてかたく泡立て、しっかりとしたメレンゲを作る。

❸ ①に②を3回に分けて加え、シフォン型に流し入れて160度のオーブンで45分〜1時間焼く。

❹ 型ごとさかさまにして完全に冷まし、型の間にナイフなどをさし込むか、全体に軽く押して型からはずす。

（石澤清美）

POINT
メレンゲは1、2回目はまざりにくいので泡立て器で、3回目はゴムべらで切るようにまぜる。

recipe 221 プチアイデア
生クリーム½カップと砂糖大さじ1を合わせて七分立てにし、切り分けたケーキにかけていちご適量を添える。

recipe 222 ブラウニーズ
ずっしり濃厚な味わい

※ 材料（18×18cmのスクエア型1台分）
- ホットケーキミックス …… 50g
- スイートチョコレート …… 80g
- くるみ …… 40g
- 卵（Lサイズ） …… 1個
- 卵黄 …… 1個分
- バター …… 80g
- 砂糖 …… 30g

※ 作り方
1. くるみはあらく刻んで120度のオーブンで10〜15分焼く。
2. チョコレートはこまかく刻み、耐熱ボウルにバター、砂糖とともに入れ、水大さじ1を加えて電子レンジ（600W）で1分40秒〜1分50秒加熱する。
3. ②を泡立て器でなめらかになるまでまぜ、卵と卵黄を加えてまぜ、ホットケーキミックスをふるい入れてさらにまぜ、くるみを加えてゴムべらでまぜる。
4. 型に薄くバター（分量外）を塗り、クッキングシートを敷き込む。③の生地を流し入れて表面をならし、180度のオーブンで20分ほど焼く。ケーキクーラーにのせて冷ます。

（石橋かおり）

recipe 223 ブロンディーズ
サクサクの食感と香ばしさが◎

※ 材料（18×18cmのスクエア型1台分）
- ホットケーキミックス …… 100g
- 卵（Lサイズ） …… 1個
- バター（室温にもどす） …… 100g
- きび砂糖（なければ上白糖） …… 40g

※ 作り方
1. ボウルにバターを入れ、泡立て器でなめらかになるまでまぜ、きび砂糖を加えて白っぽくなるまですりまぜる。
2. 卵を割りほぐし、①に少量ずつ加えてそのつどよくまぜる。ホットケーキミックスもふるい入れてゴムべらでまぜる。
3. 型に薄くバター（分量外）を塗り、クッキングシートを敷き込む。②の生地を流し入れて表面をならし、170度のオーブンで20分ほど焼く。ケーキクーラーにのせて冷ます。

（石橋かおり）

Part 4

甘くないから
ごはんがわりに
お食事パン

ホットケーキミックスが得意なのは、
甘〜いおやつだけではありません。
主食とおかずがいっしょになったおそうざいパンや、
発酵いらずで作れるクイックパン、
食べごたえのあるブレッドケーキも作れます。
平日の朝ごはんやランチに、
休日のブランチにと大活躍、まちがいなしです。

Hotcake mix recipe × 224 → 228

ピザ&ナン

手間なしですぐできる!

POINT

recipe 224 トマトピザ
おなじみの具をいろいろのせて

※ 材料(オーブントースターのトレー1枚分)

A	ホットケーキミックス	50g
	水	小さじ2
	オリーブ油	大さじ1
ウインナソーセージ		1本
トマト		¼個
ピーマン		⅓個
B	トマトケチャップ	大さじ2
	粉チーズ	大さじ½
ピザ用チーズ		30g

※ 作り方

❶ ボウルにAを入れて手でまぜる。ひとかたまりになったら、台の上にとり出し、めん棒で1〜2mm厚さ、直径16〜17cmにのばす。
❷ オーブントースターのトレーにクッキングシートを敷き、①をのせる。
❸ ソーセージは斜め薄切りにする。トマトは1〜2cm角に切る。ピーマンは薄い輪切りにする。
❹ Bをまぜ合わせて②に塗り、③をトッピングしてチーズを散らし、オーブントースターで6〜7分、縁に焼き色がつくまで焼く。(齋藤真紀)

生地はふくらみやすいので、1〜2mm厚さになるまでめん棒で少しずつのばし、均一に薄くする。

recipe 226 プチアイデア
シーフードミックス+ツナもホワイトソースに合う組み合わせ。

recipe 225 ホワイトピザ
市販のホワイトソースでクリーミーなピザに

※ 材料(オーブントースターのトレー1枚分)

A	ホットケーキミックス	50g
	水	小さじ2
	オリーブ油	大さじ1
ホワイトソース(市販品)		20g
グリーンアスパラガス		⅙本
ベーコン		1枚
ピザ用チーズ		30g

※ 作り方

❶ ボウルにAを入れて手でまぜる。ひとかたまりになったら、台の上にとり出し、めん棒で1〜2mm厚さ、直径16〜17cmにのばす。
❷ オーブントースターのトレーにクッキングシートを敷き、①をのせる。
❸ アスパラは斜め薄切りにし、ベーコンは細切りにする。
❹ ②にホワイトソースを塗り、③をトッピングしてチーズを散らし、オーブントースターで6〜7分、縁に焼き色がつくまで焼く。(齋藤真紀)

recipe 227

トッピングを工夫すれば
とびきりキュート
OKAOピザ

✳ 材料（2枚分）

A ┌ ホットケーキミックス……………200g
　├ トマトジュース……………60〜70㎖
　├ 塩……………………………ひとつまみ
　└ オリーブ油……………………小さじ1
ピザソース、ピザ用チーズ…………各適量
ソーセージ、うずら卵、オクラ、スプラウト、
パプリカ、にんじんなど……………各適量

✳ 作り方

❶ボウルにAを合わせて手でまぜる。ひとかたまりになったら2等分し、30分ほど休ませる。
❷台に打ち粉（分量外、強力粉）を振って❶をのせ、生地の上にも打ち粉をし、めん棒で2〜3mm厚さにまるくのばす。ピザソースを塗ってチーズを散らし、ソーセージやうずら卵、野菜を顔に見立ててのせる。
❸200度のオーブンで13〜15分焼く。

（みなくちなほこ）

強力粉を
プラスして

recipe 228

発酵なしでお手軽！
カレーの日はこれで決まり
フライパン★ナン

✳ 材料（1枚分）

ホットケーキミックス……………100g
強力粉……………………………50g
塩………………………………小さじ½
サラダ油…………………………少々

✳ 作り方

❶ボウルにサラダ油以外の材料と水70㎖を入れ、手でまぜ合わせてひとまとめにし、ナンの形になるように手でのばす。
❷フライパンを弱火で熱してサラダ油を引き、❶を入れて2分ほど焼く。
❸こんがりと焼けたら返し、フライ返しで軽く押さえつけながらさらに2分ほど焼く。裏面もこんがりと焼いて器に盛る。好みのカレーや野菜を添える。

（齋藤真紀）

Hotcake mix recipe 229→235

ロールサンド

好きな具をくるくるっと巻くだけ！

recipe 229 ハムチーズ＆レタスロール
定番トリオは朝ごはんの常連に指名！

材料（6本分）
- A
  - ホットケーキミックス……100g
  - 水……120ml
  - サラダ油……大さじ½
- レタス……1.5枚
- ハム、スライスチーズ……各6枚

作り方
1. レタスは1枚を4等分する。
2. ボウルにAを入れて泡立て器でよくまぜる。
3. 耐熱容器にラップをピンと張り、生地の⅙量をのせ、直径17〜18cmにスプーンの背でまるく広げる。電子レンジ（600W）で1分加熱し、とり出して縁を持ち上げるようにしてラップからはがす。残りも同様に作る。
4. 1枚にレタス、チーズ、ハム各1枚をのせてくるくると巻き、好みの大きさに切る。残りも同様に作る。 （齋藤真紀）

※時間がたつとかたくなり、巻くときに割れやすいので、加熱したらすぐに具を巻く。

recipe 230 プチアイデア
薄くマヨネーズを塗って焼きのりとスライスチーズをのせて巻いても。

POINT
ラップを張る皿は少し深さのある大きめのもので。しわができないようにピンと張る。

recipe 231 サーモンチーズロール
ちょっとおしゃれな組み合わせ

材料（6本分）
- A
  - ホットケーキミックス……100g
  - 水……120ml
  - サラダ油……大さじ½
- スモークサーモン……18枚
- クリームチーズ（室温にもどす）……120g

作り方
1. ボウルにAを入れて泡立て器でよくまぜる。
2. 耐熱容器にラップをピンと張り、生地の⅙量をのせ、直径17〜18cmにスプーンの背でまるく広げる。電子レンジ（600W）で1分加熱し、とり出して縁を持ち上げるようにしてラップからはがす。残りも同様に作る。
3. 1枚にやわらかくしたクリームチーズ20gを塗り、サーモン3枚をのせてくるくると巻き、好みの大きさに切る。残りも同様に作る。 （齋藤真紀）

recipe 232 ツナマヨ卵ロール
ダブルのたんぱく質で元気をチャージ

材料（6本分）
- A
  - ホットケーキミックス……100g
  - 水……120ml
  - サラダ油……大さじ½
- ツナ缶（80g）……3缶
- マヨネーズ……大さじ6
- ゆで卵……3個

作り方
1. ツナは缶汁をきり、マヨネーズを加えてまぜる。ゆで卵は縦に4等分する。
2. ボウルにAを入れて泡立て器でよくまぜる。
3. 耐熱容器にラップをピンと張り、生地の⅙量をのせ、直径17〜18cmにスプーンの背でまるく広げる。電子レンジ（600W）で1分加熱し、とり出して縁を持ち上げるようにしてラップからはがす。残りも同様に作る。
4. 1枚に①のツナマヨの⅙量をのせ、卵2切れを並べてくるくると巻き、好みの大きさに切る。残りも同様に作る。 （齋藤真紀）

recipe 233
野菜たっぷり、生春巻き風
ハムもやしロール

※ 材料（6本分）
- A ┌ ホットケーキミックス ……… 100g
  │ 水 ……………………… 120ml
  └ サラダ油 ……………… 大さじ½
- ハム ………………………… 12枚
- もやし ……………… 約½袋（120g）
- 香菜 ………………………… 適量

※ 作り方
1. もやしは洗ってさっと水けをきり、耐熱容器に広げてラップをかけ、電子レンジ（600W）で1分30秒加熱する。
2. ボウルにAを入れて泡立て器でよくまぜる。
3. 耐熱容器にラップをピンと張り、生地の⅙量をのせ、直径17〜18cmにスプーンの背でまるく広げる。電子レンジ（600W）で1分加熱し、とり出して縁を持ち上げるようにしてラップからはがす。残りも同様に作る。
4. 1枚にハム2枚、もやし⅙量、香菜少々をのせてくるくると巻き、好みの大きさに切る。残りも同様に作る。好みでナンプラーやしょうゆをつけて食べても。 （齋藤真紀）

recipe 234
青じその香りがアクセント
えびチリロール

※ 材料（6本分）
- A ┌ ホットケーキミックス ……… 100g
  │ 水 ……………………… 120ml
  └ サラダ油 ……………… 大さじ½
- 青じそ ……………………… 12枚
- ゆでえび …………………… 12尾
- スイートチリソース ……… 大さじ6

※ 作り方
1. ボウルにAを入れて泡立て器でよくまぜる。
2. 耐熱容器にラップをピンと張り、生地の⅙量をのせ、直径17〜18cmにスプーンの背でまるく広げる。電子レンジ（600W）で1分加熱し、とり出して縁を持ち上げるようにしてラップからはがす。残りも同様に作る。
3. 1枚に青じそ2枚とえび2尾をのせ、スイートチリソース大さじ1をかけてくるくると巻き、好みの大きさに切る。残りも同様に作る。 （齋藤真紀）

recipe 235
甘辛味でおなかも大満足♥
北京ダック風ロール

※ 材料（6本分）
- A ┌ ホットケーキミックス … 100g
  │ 水 …………………… 120ml
  └ サラダ油 …………… 大さじ½
- チャーシュー（市販品） …… 120g
- きゅうり ………… 大1本（120g）
- にんじん …………… ⅓本（60g）
- 甜麺醤（テンメンジャン） ……………… 大さじ4

※ 作り方
1. チャーシューは細切りにし、きゅうり、にんじんはせん切りにする。
2. ボウルにAを入れて泡立て器でよくまぜる。
3. 耐熱皿にラップをピンと張り、生地の⅙量をのせ、直径17〜18cmにスプーンの背でまるく広げる。電子レンジ（600W）で1分加熱し、とり出して縁を持ち上げるようにしてラップからはがす。残りも同様に作る。
4. 1枚に甜麺醤小さじ2を塗り、チャーシュー、きゅうり、にんじん各⅙量をのせてくるくると巻き、好みの大きさに切る。残りも同様に作る。 （齋藤真紀）

recipe 236 ハムとチーズのパニーニ
じっくり火を通すと、チーズがとろ〜り

材料（2個分）
- A
  - ホットケーキミックス ……… 100g
  - 塩 ……… 小さじ½
  - 水 ……… 100mℓ
- ハム ……… 2枚
- ピザ用チーズ ……… 60g
- オリーブ油 ……… 少々

作り方
❶ ハムは半分に切る。
❷ ボウルにAを入れて泡立て器でよくまぜる。
❸ フライパンを弱火で熱し、オリーブ油を引き、生地の半量を楕円形になるように流し入れて焼く。表面にプツプツと穴があいてきたら、奥の半円にチーズ、ハムを半量ずつのせ、へらで手前から二つ折りにしてさらに1分焼く。
❹ 返してさらに1分焼き、とり出す。半分に切って器に盛り、好みでイタリアンパセリを飾る。残りも同様に作る。
（齋藤真紀）

POINT 具をのせたら、へらで生地を持ち上げて折りたたむ。完全に生地が乾かないうちに折る。

recipe 237 プチアイデア

ハムのかわりにカリッと焼いたベーコンを入れるとコクが増しておいしい。

recipe 238 生ハムとアボカドのパニーニ
ハムの塩けとアボカドのまったり感が◎

材料（2個分）
- A
  - ホットケーキミックス ……… 100g
  - 塩 ……… 小さじ½
  - 水 ……… 100mℓ
- 生ハム ……… 50g
- アボカド ……… ½個
- オリーブ油 ……… 少々

作り方
❶ 生ハムは食べやすく切る。アボカドは皮と種を除き、薄切りにする。
❷ ボウルにAを入れて泡立て器でよくまぜる。
❸ フライパンを弱火で熱し、オリーブ油を引き、生地の半量を楕円形になるように流し入れて焼く。表面にプツプツと穴があいてきたら、奥の半円に生ハム、アボカドを半量ずつのせ、へらで手前から二つ折りにしてさらに1分焼く。
❹ 返してさらに1分焼き、とり出す。残りも同様に作る。
（齋藤真紀）

recipe 239 マルゲリータ風パニーニ
王道イタリアンはまちがいのないおいしさ

材料（2個分）
- A
  - ホットケーキミックス ……… 100g
  - 塩 ……… 小さじ½
  - 水 ……… 100mℓ
- トマト ……… ½個
- モッツァレラチーズ ……… 40g
- バジル ……… 4枚
- オリーブ油 ……… 少々

作り方
❶ トマト、チーズは薄切りにする。
❷ ボウルにAを入れて泡立て器でよくまぜる。
❸ フライパンを弱火で熱し、オリーブ油を引き、生地の半量を楕円形になるように流し入れて焼く。表面にプツプツと穴があいてきたら、奥の半円にトマト、チーズ、バジルを半量ずつのせ、へらで手前から二つ折りにしてさらに1分焼く。
❹ 返してさらに1分焼き、とり出す。残りも同様に作る。
（齋藤真紀）

塩味のお食事ケーキを電子レンジで

ケークサレ

recipe 240 ハムとブロッコリーのケークサレ
軽い食感の具だくさん蒸しパン風

※ 材料（7×13.5×5.5cmの型1台分）
- ホットケーキミックス……70g
- 塩……小さじ½
- A ┌ とき卵……½個分
  └ 水……40㎖
- オリーブ油……大さじ1
- ハム、玉ねぎ……各20g
- ブロッコリー（小房）……10g

※ 作り方
1. ハム、玉ねぎは7〜8mm角に切り、ブロッコリーは同じくらいの大きさに小さく切る。
2. ボウルにホットケーキミックス、塩を入れてまぜ、A、オリーブ油の順に加え、泡立て器でそのつどよくまぜる。①も加えてまぜる。
3. 型にクッキングシートを敷き込み、生地を流し入れる。
4. ふんわりとラップをかけるか、耐熱容器などをかぶせて（「シンプル蒸しパン」〈p.32〉の作り方③参照）、電子レンジ（600W）で3分加熱する。型からとり出す。
（齋藤真紀）

POINT 型は小さいパウンド型や、耐熱ガラス製の保存容器などを利用して。クッキングシートに型の底をのせ、シートを持ち上げて幅と高さを合わせてから、型より少し大きめにカットする。写真の点線の位置に切り込みを入れる。

POINT 切り込みをたたんで、型の内側にはめ込む。上の紙が少し飛び出すくらいにするととり出しやすい。

recipe 241 チーズとベーコンのケークサレ
トマトジュースの酸味とコクがクセになる

※ 材料（7×13.5×5.5cmの型1台分）
- ホットケーキミックス……70g
- 塩……小さじ½
- A ┌ とき卵……½個分
  └ トマトジュース……40㎖
- オリーブ油……大さじ1
- プロセスチーズ、ベーコン……各20g

※ 作り方
1. チーズは7〜8mm角に切り、ベーコンは細切りにする。
2. ボウルにホットケーキミックス、塩を入れてまぜ、A、オリーブ油の順に加え、泡立て器でそのつどよくまぜる。①も加えてまぜる。
3. 型にクッキングシートを敷き込み、生地を流し入れる。
4. ふんわりとラップをかけるか、耐熱容器などをかぶせて（「シンプル蒸しパン」〈p.32〉の作り方③参照）、電子レンジ（600W）で3分加熱する。型からとり出す。
（齋藤真紀）

甘くないからごはんがわりに

お食事蒸しパン

recipe 242
ちょこっとつまめるおかずパン
コーンとコンビーフの蒸しパン

※ 材料（紙カップ8〜10個分）

ホットケーキミックス	200g
卵	1個
コンビーフ	100g
粒コーン	80g

※ 作り方

❶ボウルに卵を割り入れて泡立て器でほぐし、コンビーフを加えてまぜ、水¾カップを加えてよくまぜる。
❷ホットケーキミックスを加えてだまにならないようにしっかりとまぜ、コーンを加え、紙カップに七分目程度まで流し入れる。
❸蒸気が十分に上がった蒸し器に入れて強火で10分蒸す。　　　　　　　　（石澤清美）
※コーンは冷凍でもOK。冷凍なら熱湯を回しかけて解凍する。

recipe 243
ごま油の香りが食欲を誘う
大根とサラミの蒸しパン

※ 材料
（直径16cmのせいろ1個分または紙カップ8〜10個分）

ホットケーキミックス	200g
卵	1個
大根	100g
サラミソーセージ（またはハム）	80g
万能ねぎ	10本
塩	小さじ½
ごま油	小さじ2

※ 作り方

❶大根は細切りにして塩を振り、軽くもんでしんなりしたらぎゅっとしぼる。万能ねぎは小口切りにし、サラミは5mm角に切る。
❷ボウルに卵を割り入れて泡立て器でほぐし、水½カップを加えてまぜ、ホットケーキミックスを加えてだまにならないようにまぜる。
❸①を加え、最後にごま油を加えてさらによくまぜる。
❹クッキングシートをせいろの内側に敷いて③を流し入れ、沸騰した湯の入ったなべにのせて強火で20分蒸す。　　　　　　　　　　　　　　（石澤清美）
※紙カップなど小さな型の場合は、10分程度を目安に。好みで豆板醤やチリソースをつけても。

recipe 244
青くささゼロで食べやすい!
ほうれんそう蒸しパン

✕ 材料（3×8×3.5cmの型 3個分）
- ホットケーキミックス ……… 100g
- 牛乳 ……………………… 70ml
- サラダ油 ………………… 大さじ1
- ほうれんそう …………… 1/8束（30g）

✕ 作り方
❶ ほうれんそうはざく切りにし、洗って水けをきり、耐熱容器に広げる。ラップをかけて電子レンジ（600W）で1分加熱し、刻む。
❷ ボウルにホットケーキミックス、牛乳を入れてなめらかになるまで泡立て器でまぜ、サラダ油、❶を順に加えてそのつどよくまぜる。
❸ 型に七分目くらいまで等分に流し入れ、耐熱容器をかぶせて（「シンプル蒸しパン」〈p.32〉の作り方❸参照）、電子レンジで2分加熱する。
（齋藤真紀）

recipe 245
ミックスベジでスピーディーに!
カラフル野菜蒸しパン

✕ 材料（耐熱ボウル1個分）
- ホットケーキミックス ……… 100g
- 牛乳 ……………………… 80ml
- ミックスベジタブル ………… 50g
- ウインナソーセージ ………… 30g
- 粉チーズ ………………… 大さじ1
- サラダ油 ………………… 適量

✕ 作り方
❶ ソーセージは5mm角に切る。
❷ ボウルにホットケーキミックス、牛乳を入れて泡立て器でまぜ、ミックスベジタブル、❶、粉チーズを加えてよくまぜる。
❸ 耐熱ボウルの内側にサラダ油を薄く塗って❷を流し入れ、ふんわりとラップをかけて、電子レンジ（600W）で5分ほど加熱する。耐熱ボウルからはずし、切り分ける。
（ほりえさわこ）

POINT
型用の耐熱ボウルには、サラダ油を薄く塗っておくと、蒸したあとでとり出しやすい。

recipe 246
にんじんのほのかな甘みがおいしい
にんじん蒸しパン

✕ 材料（3×8×3.5cmの型 3個分）
- ホットケーキミックス ……… 100g
- 牛乳 ……………………… 70ml
- サラダ油 ………………… 大さじ1
- にんじんのすりおろし ……… 30g

✕ 作り方
❶ ボウルにホットケーキミックス、牛乳を入れてなめらかになるまで泡立て器でまぜ、サラダ油を加えてよくまぜる。最後ににんじんを加えてまぜる。
❷ 型に七分目くらいまで等分に流し入れ、耐熱容器をかぶせて（「シンプル蒸しパン」〈p.32〉の作り方❸参照）、電子レンジ（600W）で2分加熱する。
（齋藤真紀）

recipe 247 カレーパン

生地のほのかな甘みで辛さがマイルドに

✕ 材料（5個分）
- ホットケーキミックス ……… 180g
- 塩 …………………… 小さじ½
- 牛乳 ………………… 100mℓ
- A
  - レトルトのカレー …… 1袋（または残り物のカレー200g）
  - 小麦粉 ……………… 大さじ1
- パン粉、揚げ油 ……… 各適量

✕ 作り方
❶ なべにAを入れて弱火にかけ、とろみがついて少しかたくなるまでまぜ、冷ます。
❷ ボウルにホットケーキミックスと塩を入れて泡立て器でよくまぜ、牛乳を加えて粉けがなくなるまでまぜ、ひとまとめにする。
❸ 生地を5等分し、手に打ち粉（分量外、強力粉など）をつけながら円形にのばし、❶のカレーを等分にのせる。両側から包んで端をつまんでとめ、小判形にととのえ、表面に水をつけてパン粉をまぶす。
❹ 160度の揚げ油に❸を入れ、約2分、途中で上下を返しながらきつね色になるまで揚げる。

（小島喜和）

カリッと揚げるのがコツ！
揚げパン

recipe 248 ピザ揚げパン

子どもウケばつぐんのピザ味

✕ 材料（4個分）
- ホットケーキミックス ……… 200g
- とき卵 ……………… ½個分
- ピーマン …………… ½個
- A
  - ピザ用チーズ ……… 40g
  - ピザソース ………… 大さじ4
  - オリーブ …………… 4個
- 揚げ油 ……………… 適量

✕ 作り方
❶ ボウルに卵、水50mℓを入れてまぜる。ホットケーキミックスを加え、ゴムべらで粉けがなくなるまでまぜる。
❷ まないたに打ち粉（分量外、薄力粉）を振って❶をのせ、ざっと円形にして4等分に切る。めん棒でやや薄めの楕円形にのばす。
❸ ピーマンは1cm角に切る。
❹ ❷に❸とAを等分にのせ、縁に水を塗って包み、冷蔵庫で1時間ほど冷やして落ち着かせる。160度の揚げ油でじっくり揚げ、油をよくきる。

（福岡直子）

recipe 249 ポテサラの揚げパン

ほの甘い生地がポテサラと相性よし！

✕ 材料（4個分）
- ホットケーキミックス ……… 200g
- とき卵 ……………… ½個分
- ポテトサラダ ……… 200g
- いり白ごま、揚げ油 … 各適量

✕ 作り方
❶ ボウルに卵、水50mℓを入れてまぜ、ホットケーキミックスを加え、ゴムべらで粉けがなくなるまでまぜる。
❷ まないたに打ち粉（分量外、薄力粉）を振って❶をのせ、ざっと円形にして4等分に切る。めん棒でやや薄めの楕円形にのばす。
❸ ポテトサラダを等分にのせ、縁に水を塗って包み、とじ目をしっかりとめてごまを振る。冷蔵庫で1時間ほど冷やして落ち着かせ、160度の揚げ油でじっくり揚げて油をよくきる。

（福岡直子）

recipe 250 カレーポテトサモサ
スパイシーな味わいについ手がのびる

材料(4個分)
- A
  - ホットケーキミックス……100g
  - 水……40mℓ
- じゃがいも……1/3個(50g)
- グリーンピース……15g
- カレー粉……小さじ1/2
- 揚げ油……適量

作り方
1. じゃがいもは洗ってラップで包み、電子レンジ(600W)で約2分、竹ぐしがスッと通るまで加熱する。熱いうちに皮をむいてボウルに入れ、フォークの背などでつぶし、グリーンピース、カレー粉を加えてまぜる。
2. ボウルにAを入れて手でまぜる。なめらかになったら4等分して丸め、円形にのばす。生地1枚に①の1/4量をのせて包み、縁をギュッとつまんでとじる。残りも同様に包む。
3. 170度の揚げ油できつね色になるまで2～3分揚げる。 (齋藤真紀)

POINT
揚げたときにとじ目がはがれないよう、縁が薄くなるくらいギュッとつまんでとじること。

recipe 251 ゴーヤー&スパムサモサ
ほのかな苦みがクセになる

材料(4個分)
- A
  - ホットケーキミックス……100g
  - 水……40mℓ
- ゴーヤー、スパム(ランチョンミート)……各20g
- 揚げ油……適量

作り方
1. ゴーヤー、スパムは小さく切って合わせる。
2. ボウルにAを入れて手でまぜる。なめらかになったら、4等分して丸め、円形にのばす。生地1枚に①の1/4量をのせて包み、縁をギュッとつまんでとじる。残りも同様に包む。
3. 170度の揚げ油できつね色になるまで2～3分揚げる。 (齋藤真紀)

recipe 252 枝豆コーンサモサ
枝豆とコーンのプチプチ食感が楽しい!

材料(4個分)
- A
  - ホットケーキミックス……100g
  - 水……40mℓ
- ゆで枝豆……正味20g
- 粒コーン……20g
- マヨネーズ……大さじ1/2
- 揚げ油……適量

作り方
1. 枝豆は薄皮をむき、コーンとともにマヨネーズであえる。
2. ボウルにAを入れて手でまぜる。なめらかになったら、4等分して丸め、円形にのばす。生地1枚に①の1/4量をのせて包み、縁をギュッとつまんでとじる。残りも同様に包む。
3. 170度の揚げ油できつね色になるまで2～3分揚げる。 (齋藤真紀)

朝ごはんにもランチにも！
おそうざいパン

recipe 253
甘じょっぱい味にやみつき！
玉ねぎとベーコンのマフィン

✕ 材料（紙カップ10個分）

ホットケーキミックス	150g
卵	1個
牛乳	60mℓ
オリーブ油	50g
塩	小さじ⅓
あらびき黒こしょう	小さじ⅓
玉ねぎ	½個
ベーコン	80g

✕ 作り方

❶ 玉ねぎは薄切り、ベーコンは5mm幅に切る。サラダ油少々（分量外）でいため、しんなりしたらキッチンペーパーにとって余分な油をきる。
❷ ボウルに卵を割り入れ、泡立て器でほぐして牛乳とオリーブ油をまぜ、なめらかになったらホットケーキミックス、塩、こしょう、①を加えてだまにならないようにしっかりとまぜる。
❸ 紙カップに七分目くらいまで流し入れ、170度のオーブンで15〜25分焼く。
（石澤清美）

recipe 254
トマトの甘ずっぱさがおいしさをあと押し
トマト＆アスパラのブランチスコーン

✕ 材料（6個分）

ホットケーキミックス	100g
卵	1個
薄力粉	120g
牛乳	50mℓ
オリーブ油	大さじ1
塩、こしょう	各少々
ミニトマト	6個
ベーコン	3枚
グリーンアスパラガス	3本
ピザ用チーズ	30g
粉チーズ	大さじ2

✕ 作り方

❶ ボウルに卵を割り入れて牛乳、オリーブ油、塩、こしょうを加えて泡立て器でまぜ、ホットケーキミックスと薄力粉を合わせて加え、ゴムべらで粉っぽさがなくなるまでまぜる。
❷ ミニトマトはへたをとって半分に切り、ベーコンは1cm幅に切る。アスパラガスはかためにゆでて長さを半分に切り、縦に半分に切る。
❸ ①にベーコン、ピザ用チーズを加えてゴムべらでざっとまぜ、打ち粉（分量外、薄力粉）を振ったまないたにのせて2cm厚さくらいに手でまるくのばし、放射状に6つに切る。
❹ 天板にクッキングシートを敷いて③を並べ、ミニトマト、アスパラガスをのせて粉チーズを振り、190度のオーブンで15分ほど焼く。
（福岡直子）

recipe 255
チーズの塩けでおつまみにもいい
ほうれんそうとチーズのブランチブレッド

✕ 材料（8×18×6.5cmのパウンド型1台分）
ホットケーキミックス …………… 200g
牛乳 ……………………………… 120mℓ
バター ……………………………… 30g
ほうれんそう ……………………… 100g
プロセスチーズ …………………… 50g

✕ 作り方
❶ ほうれんそうは塩少々（分量外）を加えた熱湯でゆでて水けをしぼり、1cm長さに刻んでさらにぎゅっとしぼる。チーズは6～7mm角に切る。
❷ ボウルに牛乳を入れ、電子レンジ（600W）で30秒加熱してとかしたバター、ホットケーキミックスの順に加えてしっかりとまぜる。
❸ ①を加えてまんべんなくまぜ、パウンド型に流し入れ、表面をならして160度のオーブンで45分～1時間ほどじっくりと焼く。あら熱がとれるまで型のまま冷まし、型からとり出す。
（石澤清美）

recipe 256
具だくさんで食べごたえあり
ツナ＆じゃがいものブレッドケーキ

✕ 材料（10×20×5cmのパウンド型1台分）
ホットケーキミックス …………… 100g
じゃがいも ………………………… 2個
玉ねぎ …………………………… ½個
ツナ缶（オイル漬け） …………… 小1缶
卵 ………………………………… 1個
牛乳 ……………………………… 50mℓ
塩 ………………………………… 小さじ¼
ミニトマト ………………………… 3個
マヨネーズ、あらびき黒こしょう、
　パセリのみじん切り ………… 各適量

✕ 作り方
❶ じゃがいもは皮をむいていちょう切りにし、耐熱容器に入れてラップをかけ、電子レンジ（600W）で4分加熱する。玉ねぎは薄切り、ミニトマトはへたをとって8等分に切る。
❷ パウンド型に合わせてクッキングシートを敷き込む。
❸ ボウルに卵を割り入れて牛乳、塩を加え、泡立て器でよくまぜ、ホットケーキミックスを加えてだまにならないようにまぜる。
❹ ツナを缶汁ごと加え、じゃがいも、玉ねぎも加えてまぜ、❷の型に流し込む。マヨネーズを線描きするようにかけてミニトマトをのせ、こしょう、パセリを散らす。180度のオーブンで30～40分焼く。
（福岡直子）

recipe 257
りんごとヨーグルトのコンビでさわやか！
りんごとヨーグルトのヘルシーブレッド

✕ 材料（8×18×6.5cmのパウンド型1台分）
ホットケーキミックス …………… 200g
プレーンヨーグルト ……………… 150g
バター ……………………………… 30g
りんご …………………… 1個（150～200g）
くるみ …………………………… 40～50g

✕ 作り方
❶ りんごは皮つきのままいちょう切りにする。くるみは生ならオーブントースターの弱で5分ほどローストしてあらく刻む。バターは電子レンジ（600W）で30秒加熱してとかす。
❷ ボウルにヨーグルトを入れ、とかしたバター、ホットケーキミックスの順に加えてまぜ、りんごとくるみを加えてまんべんなくまぜ、パウンド型に流し入れ、表面をならす。
❸ 160～170度のオーブンで1時間ほど焼き、あら熱がとれるまで型のまま冷まし、型からとり出す。　（石澤清美）

recipe 258
マヨ卵とハムのコンビが絶妙!
タルタルエッグパン

✕ 材料（4個分）

ホットケーキミックス	100g
卵	1個
薄力粉	100g
A ┌ 牛乳	100mℓ
└ 塩	小さじ½
ゆで卵	2個
玉ねぎ	⅙個
マヨネーズ	大さじ2
ハム	3枚

✕ 作り方

❶ボウルに卵を割り入れてAを加えてまぜ、ホットケーキミックス、薄力粉を加えてよくまぜる。
❷ゆで卵、玉ねぎはこまかく刻み、マヨネーズとまぜる。ハムはせん切りにする。
❸アルミケース4個に①を等分に入れて②を等分にのせ、好みであらびき黒こしょうを振り、200度のオーブンで10分ほど焼く。
（福岡直子）

recipe 259
焼きたてがおいしいおかずパン
コロッケパン

✕ 材料（4個分）

ホットケーキミックス	100g
卵	1個
薄力粉	100g
A ┌ 牛乳	100mℓ
└ 塩	小さじ½
コロッケ	2個
玉ねぎ	⅙個
グリーンピース（冷凍）、トマトケチャップ	各適量

✕ 作り方

❶ボウルに卵を割り入れてAを加えてまぜ、ホットケーキミックス、薄力粉を加えてよくまぜる。
❷コロッケは半分に切り、玉ねぎは薄切りにする。
❸アルミケース4個に①を等分に入れて玉ねぎ、コロッケを順にのせ、ケチャップをしぼってグリーンピースを散らす。200度のオーブンで10分ほど焼く。
（福岡直子）

recipe 260 ワインにもよく合う、大人味
ハーブとチーズのパン

✕ 材料（1個分）
ホットケーキミックス	150g
牛乳	80mℓ
プロセスチーズ	60g
ローズマリー（ドライ）	小さじ2

✕ 作り方
❶ チーズは5mm～1cm角に切る。
❷ ボウルにホットケーキミックスと牛乳、チーズとローズマリーを入れ、ゴムべらでまぜる。ある程度まとまったら手でまぜて軽くこねながらひとまとめにし（生地がベタつくようであれば強力粉〈分量外〉などを打ち粉にする）、包丁でまん中に十文字に切り目を入れる。
❸ 天板にクッキングシートを敷いて❷をのせ、170度のオーブンで25分ほど焼く。　（下迫綾美）

recipe 261 まろやかマヨとコーンがいい感じ
マヨコーン丸パン

✕ 材料（4個分）
ホットケーキミックス	150g
粉チーズ	大さじ2
とき卵	½個分
プレーンヨーグルト	60g
粒コーン	50g
ツナ缶	10g
A　マヨネーズ	大さじ1
塩、こしょう	各少々
パセリのみじん切り	少々

✕ 作り方
❶ コーンとツナは缶汁をきってAとまぜる。
❷ ボウルにホットケーキミックスと粉チーズを入れてまぜる。卵とヨーグルトを加え、ゴムべらで粉っぽさがなくなるまでまぜる。
❸ 手に打ち粉（分量外、強力粉など）をつけながら、4等分して丸める。包丁でまん中に十文字に切り目を入れ、切り目を開いてくぼみを作り、①を等分にのせる。
❹ 天板にクッキングシートを敷いて❸を並べ、170度のオーブンで20分ほど焼く。パセリを散らす。　（下迫綾美）

発酵なしだからすぐできる！

シンプルパン

recipe 262
材料2つでできるふんわりパン
パン・ド・カンパーニュ

× 材料（1個分）
ホットケーキミックス……200g
塩……小さじ⅓

× 作り方
ボウルにホットケーキミックスと塩を合わせてふるい入れ、水90mlを加えてしっかりと手でこね、ひとまとめにする。
❷まないたに打ち粉（分量外、強力粉）を振って①をのせ、円形に丸める。
❸クッキングシートを敷いた天板にのせて表面にも強力粉（分量外）を振り、ナイフで十文字に切り目を入れる。180度のオーブンで30分焼く。
（石橋かおり）

recipe 263
雑穀の香ばしさがきいたちょっぴり甘いパン
雑穀パン

× 材料（4人分）
ホットケーキミックス……200g
五穀米（雑穀ミックス）……50g
オリーブ油……大さじ1

× 作り方
❶五穀米は熱湯で7～8分ゆで、ざるにとって流水で洗い、水けをきる。
❷ボウルにホットケーキミックスと①を入れ、オリーブ油と水80mlを加えてよくねりながらひとまとめにする。
❸かまぼこ形にととのえて、中央に包丁で切り目を1本入れ、クッキングシートを敷いた天板にのせて170度のオーブンで25～35分焼く。
（石澤清美）

recipe 264 ミニロール

もちもちの秘密は白玉粉！

材料（約15個分）
- ホットケーキミックス …… 100g
- 白玉粉 …… 100g
- 粉チーズ …… 20g
- 牛乳 …… 大さじ3

作り方
❶ ボウルに白玉粉を入れて水½カップを加え、粒が残らないようになめらかにまぜる。
❷ ホットケーキミックスと粉チーズを加えてまぜ、牛乳を加えてさらにしっかりとねりまぜ、直径4cmくらいに丸める。
❸ 天板にクッキングシートを敷いて❷を並べ、170度のオーブンで15～20分焼く。ぷっくりとふくらんで割れ、割れ目がしっかり焼けて乾いた状態になれば焼き上がり。ケーキクーラーなどにのせて冷ます。
（石澤清美）

recipe 265 フォカッチャサンド

ヨーグルトとオリーブ油でさっぱり

材料（3枚分）
【パン生地】
- ホットケーキミックス …… 200g
- プレーンヨーグルト …… 140g
- オリーブ油 …… 大さじ3
- 塩 …… 少々

【具】
- 生ハム …… 適量
- 好みのハーブ …… 適量
- ブラックオリーブ …… 適量
- レモン …… 少々
- 塩、こしょう、オリーブ油 …… 各少々

作り方
❶ ボウルにヨーグルトとオリーブ油を入れて泡立て器でまぜ、ホットケーキミックスをふるい入れ、塩を加えてゴムべらでなめらかにまぜる。
❷ クッキングシートを敷いた天板に❶を⅓量ずつまるく落とし、130度のオーブンで40分ほどじっくりと焼く。
❸ 厚みを半分に切り、食べやすい大きさに切り分けて生ハムとハーブ、オリーブをはさむ。塩、こしょう、オリーブ油を軽く振り、レモンをしぼって食べる。
（石澤清美）

中華まん

ポケミで簡単に皮が作れる

recipe 266 肉まん
市販のシューマイを包めばラクラク

× 材料（4個分）
- A
  - ホットケーキミックス……100g
  - 水……………………大さじ1.5〜2
  - サラダ油…………………大さじ1
- シューマイ…………………………4個

× 作り方
❶ ボウルに A を入れて手でねる。水の分量は湿度によって異なるので、様子を見ながら耳たぶくらいのかたさになるように調節する。
❷ 生地がなめらかになったら4等分し、丸めてから円形にのばし、シューマイを1個ずつのせて包む。
❸ 6〜7cm四方に切ったクッキングシートに❷をのせ、2個ずつ耐熱容器をかぶせて（「シンプル蒸しパン」〈p.32〉の作り方❸参照）、電子レンジ（600W）で3分加熱する。
※蒸し器で蒸す場合は、蒸気の上がった蒸し器に肉まんを並べ、ふたをして強火で10〜15分蒸す。

（齋藤真紀）

POINT
電子レンジに直接おくと底の生地がくっつきやすいので、クッキングシートにのせて蒸らす。

recipe 267

ふわふわの皮と甘いあんこが最高！
あんまん

× 材料（4個分）
A ┌ ホットケーキミックス……100g
　├ 水………………大さじ1.5〜2
　└ サラダ油………………大さじ1
こしあん…………………………80g

× 作り方
 こしあんは4等分して丸める。
❷ 「肉まん」（p.108）の作り方を参照し、作り方❷でシューマイのかわりに❶を包み、あとは同様に作る。
（齋藤真紀）

recipe 268

キムチの辛さをチーズがマイルドに
キムチチーズまん

× 材料（4個分）
A ┌ ホットケーキミックス……100g
　├ 水………………大さじ1.5〜2
　└ サラダ油………………大さじ1
キムチ、ピザ用チーズ………各40g

× 作り方
❶ キムチはこまかく刻んでチーズとまぜ、4等分する。
 「肉まん」（p.108）の作り方を参照し、作り方❷でシューマイのかわりに❶を包み、あとは同様に作る。
（齋藤真紀）

recipe 269

ソース味が意外なおいしさ
焼きそばまん

× 材料（4個分）
A ┌ ホットケーキミックス……100g
　├ 水………………大さじ1.5〜2
　└ サラダ油………………大さじ1
焼きそば…………………………80g

× 作り方
「肉まん」（p.108）の作り方を参照し、作り方❷でシューマイのかわりに焼きそばを¼量ずつ包み、あとは同様に作る。
（齋藤真紀）

お好み焼き

ホケミ＋かつお節で生地が完成

---

recipe 270
豚キャベツのお好み焼き
おなじみのあの味をホケミで再現！

✕ 材料（2枚分）
- A
  - ホットケーキミックス……100g
  - 水……100mℓ
  - かつお節……2g
- キャベツ……小1枚（30g）
- 豚こまぎれ肉……40g
- サラダ油……少々
- お好み焼き用ソース、マヨネーズ、青のり……各適量

✕ 作り方
1. キャベツはせん切りにする。豚肉は大きければ食べやすく切る。
2. ボウルにAを入れて泡立て器でよくまぜ、キャベツを加えてまぜる。
3. フライパンを弱火で熱してサラダ油を引き、②の半量を流し入れて焼く。表面にプツプツと穴があいてきたら豚肉の半量をのせて返し、さらに1分ほどカリッと焼く。残りも同様に焼く。
4. 器に盛り、好みでソース、マヨネーズ、青のりをかける。

（齋藤真紀）

---

recipe 271
もちチーズ＆明太子のお好み焼き
もちとチーズのとろ〜り感にノックアウト

✕ 材料（2枚分）
- A
  - ホットケーキミックス……100g
  - 水……100mℓ
  - かつお節……2g
- 切りもち……1個
- プロセスチーズ……30g
- からし明太子……½腹
- サラダ油……少々

✕ 作り方
1. もち、チーズは1cm角に切る。明太子はほぐす。
2. ボウルにAを入れて泡立て器でよくまぜる。
3. フライパンを弱火で熱してサラダ油を引き、②の半量を流し入れて焼く。表面にプツプツと穴があいてきたら①の半量をまんべんなくのせ、返してさらに1分ほどカリッと焼く。残りも同様に焼く。

（齋藤真紀）

POINT もちは1cm角くらいに小さく切っておくと、生地が焼けるタイミングで火が通り、もちもちの食感に！

---

recipe 272
えびとにらのお好み焼き
スタミナアップにうってつけ

✕ 材料（2枚分）
- A
  - ホットケーキミックス……100g
  - 水……100mℓ
  - かつお節……2g
- むきえび……5尾
- にら……30g
- サラダ油……少々

✕ 作り方
1. えびは厚みを半分に切る。にらはあらみじんに切る。
2. ボウルにAを入れて泡立て器でよくまぜ、にらを加えてまぜる。
3. フライパンを弱火で熱してサラダ油を引き、②の半量を流し入れて焼く。表面にプツプツと穴があいてきたらえびの半量をのせて返し、さらに1分ほどカリッと焼く。残りも同様に焼く。

（齋藤真紀）

ひとワザプラスでごちそうおかず
ホケミでおもてなし

recipe 273
ホケミで作ったとは思えない完成度!
ラザニア風クレープグラタン

※ 材料(4人分)
- ホットケーキミックス……100g
- 卵……1個
- 牛乳……200ml
- トマト……1個
- マッシュルーム……6個
- ミートソース(市販品)……1缶(295g)
- サラダ油……適量
- 塩、こしょう……各少々
- ホワイトソース(市販品)……200g
- ピザ用チーズ……50g
- パセリのみじん切り……少々

※ 作り方
① ボウルに卵を割り入れて牛乳を加え、泡立て器でしっかりまぜてホットケーキミックスを加え、だまにならないようにまぜる。
② 樹脂加工のフライパンを熱してサラダ油を薄く塗り、お玉に七分目くらいの①を流し入れ、手早くフライパンを回して全体に広げる。表面が乾いてきたら、菜箸をさし込んで返し、さっと焼く。全部で8枚焼く。
③ トマトは1.5cm角に切り、マッシュルームは薄切りにし、ミートソースと、塩、こしょうを加えてまぜる。
④ ②を1枚ずつ広げて上半分に③をのせ、四つ折りにしてグラタン皿に並べ入れ、③が残っていたらかける。
⑤ ホワイトソースをかけてチーズを散らし、オーブントースターで焼き色がつくまで焼き、パセリを振る。
(福岡直子)

※オーブントースターで焼く場合は2人分ずつ作るとよい。オーブンで焼く場合は4人分いっしょに作ってもOK。

recipe 274
ごま入りの生地でおいしさアップ!
韓国風クレープの焼き肉巻き

※ 材料(4人分)
- ホットケーキミックス……100g
- 卵……1個
- すり黒ごま……大さじ2
- 牛薄切り肉(焼き肉用)……200g
- 焼き肉のたれ(市販品)……大さじ2
- サンチュ……8枚
- ねぎ、にんじん、きゅうり……各適量
- コチュジャン、白菜キムチ、ごま油、サラダ油……各適量

※ 作り方
① ボウルに卵を割り入れて水200mlを加え、泡立て器でしっかりまぜ、ホットケーキミックスとごまをまぜて加え、だまにならないようにまぜる。
② 樹脂加工のフライパンを熱してサラダ油を薄く塗り、お玉に七分目くらいの①を流し入れ、手早くフライパンを回して全体に広げる。表面が乾いてきたら、菜箸をさし込んで返し、さっと焼く。
③ 牛肉に焼き肉のたれをからめ、ごま油を熱したフライパンで焼く。ねぎ、にんじん、きゅうりはせん切りにし、ねぎは水にさらして水けをきる。
④ ②に③、サンチュ、キムチ、コチュジャンを添え、巻きながら食べる。
(福岡直子)

. column

もっとかわいく！
手作りおやつのラッピング

手作りしたおやつをかわいいラッピングでプレゼントすれば喜ばれることまちがいなし。
身近な材料を使ったアイデアをご紹介します。

デコ系おやつは透明な箱でチラ見せ

アイシングやチョコペンでデコレーションした蒸しパンやマフィンは、カップケーキ用の透明なふたの箱を選んで。シンプルなラッピングで、キュートな中身をあえて見せて！

クッキーは紙コップに重ねて詰める

クッキーを紙コップに重ねて詰めていき、透明のラッピング袋に入れます。袋の口はリボンで結んだり、マスキングテープでキュッととめても。乾燥剤を入れてあげると親切。

紙製のパウンド型には小さなおやつを

小さなおやつを詰めるのに役立つのが、紙製のパウンド型。ふつうの紙の箱より、油がにじみにくい加工がしてあるので安心です。卵焼き器で作るロールケーキや、クッキーに。

ワックスペーパーでキャンディー包み

ワックスペーパーでおやつを包むと、それだけでセンスアップ！ バウムクーヘンは輪切りが定番ですが、縦に細長く切ってキャンディー包みにしても食べやすいのでおすすめ。

袋の脇をホチキスでとめるだけで食べやすく

クッキングシートを二つ折りにして、脇をホチキスでとめるだけで、手で持って食べやすい個包装の袋に。大きさは好みで調整を。ドーナツや、輪切りにしたバウムクーヘンに。

リボンやひもで口をとじるとおしゃれ

紙袋におやつを入れ、口を折り曲げたら穴あけパンチで穴をあけ、リボンやひもを通して結びます。シンプルな袋を選ぶと、さりげないのにおしゃれに見えます。

Part 5

気分を盛り上げる！
イベントおやつ

バレンタインにハロウィーンといった
イベントにからめたおやつ作りも、
ホットケーキミックスが頼もしい味方に！
テーブルにどーんと出したい主役級おやつも、
お友達にあげたいプチおやつもおまかせ。
作っているときからテンションが上がる、
かわいいイベントおやつが大集合です。

バレンタイン Valentine

recipe 275
しっとり濃厚な本格派チョコケーキ
ガトーショコラ

✕ 材料（直径15cmのケーキ型 1台分）

A	ホットケーキミックス	10g
	ココアパウダー	20g
チョコレート		90g
バター		40g
生クリーム		20mℓ
B	卵黄	2個分
	グラニュー糖	20g
卵白		2個分
グラニュー糖		30g
粉砂糖		適量

✕ 準備
・卵白以外の材料は室温にもどす。
・Aは合わせてふるう。
・型にクッキングシートを敷く。

✕ 作り方
❶ボウルにチョコレートとバターを入れ、湯せんにかける。とけたら湯せんからはずす。
❷耐熱ボウルに生クリームを入れ、電子レンジ（600W）で20秒あたため、①のボウルに加えまぜる。
❸別のボウルにBを入れ、少し白っぽくなるまで泡立て器でまぜる。②に加えまぜ、ふるったAも加えてまぜる。
❹別のボウルに卵白を入れて泡立て器でほぐし、グラニュー糖を⅓量加えて泡がもこもこと立つまで泡立てる。これをあと2回くり返し、角がピンと立つまで泡立てる。
❺③のボウルに④を2回に分けて加え、そのつどゴムべらでまぜる。
❻⑤を型に流し、170度のオーブンで30～35分焼く。中心に竹ぐしを刺してどろりとした液体がついてこなければ型から出し、側面のシートをはがして冷ます。茶こしで粉砂糖を振る。

（下迫綾美）

recipe 276〜278 チョコクッキー
定番クッキーはデコレーションで差をつけて

デコアイデア1
湯せんにかけてとかしたホワイトチョコレートに半分ひたし、カラーシュガーと銀箔シュガーを振る。

デコアイデア2
湯せんにかけてとかしたチョコレートに半分ひたし、トッピングシュガーをのせる。

デコアイデア3
湯せんにかけてとかしたチョコレートをスプーンでジグザグにかけ、アラザンをのせる。

※ 材料（直径5.5cmのハート型約22枚分）
A ┌ ホットケーキミックス……80g
　└ ココアパウダー……20g
バター……50g
砂糖……30g
卵黄……1個分

※ 準備
・材料はすべて室温にもどす。
・Aは合わせてふるう。

※ 作り方
❶ボウルにバターを入れ、ゴムべらでなめらかになるまでねる。砂糖を加えてねりまぜ、卵黄も加えてまぜる。
❷①にふるったAを加えて粉っぽさがなくなるまでまぜる。ひとまとめにし、平らにしてラップに包み、冷蔵庫で1時間以上休ませる。
❸台に打ち粉（分量外、強力粉または薄力粉）を振って②をのせ、軽くねってかたさを均一にする。
❹めん棒で3mm厚さにのばし、抜き型の内側に打ち粉を軽くつけて抜く。残った生地はもう一度手でねってまとめ、同様にめん棒でのばして型で抜く。
❺クッキングシートを敷いた天板に間隔をあけて④を並べ、170度のオーブンで15〜20分焼く。
（下迫綾美）

recipe 279 スノーボールクッキー
ほろほろのクッキーはプレゼントにもおすすめ

※ 材料（36個分）
A ┌ ホットケーキミックス……80g
　└ ココアパウダー……20g
バター……50g
砂糖……20g
アーモンドパウダー……25g
粉砂糖……50g

※ 準備
・材料はすべて室温にもどす。
・Aは合わせてふるう。

※ 作り方
❶ボウルにバターを入れ、ゴムべらでなめらかになるまでねる。砂糖を加えてねりまぜ、アーモンドパウダーも加えてまぜる。
❷ふるったAを加えて粉っぽさがなくなるまでまぜる。ひとまとめにし、平らにしてラップに包み、冷蔵庫で1時間以上休ませる。
❸台に打ち粉（分量外、強力粉または薄力粉）を振って②をのせ、軽くねってかたさを均一にする。
❹生地を36等分して丸め、クッキングシートを敷いた天板に間隔をあけて並べる。170度のオーブンで15〜20分焼く。焼けたらケーキクーラーなどにのせて、あら熱をとる。
❺ポリ袋に粉砂糖を入れ、④を10個くらいずつ入れて全体にまぶす。
（下迫綾美）

recipe 280 フォンダンショコラのデザートプレート

焼きたてアツアツの中から、チョコがとろ～り！

✕ 材料（4個分）

ホットケーキミックス	50g
板チョコレート	100g
バター	50g
A 卵黄	2個分
砂糖	50g
B 卵白	2個分
砂糖	30g
ソース用板チョコレート（5g片）	4枚
アイスクリーム	適量
フルーツ	適宜

✕ 作り方

❶ ココットに薄くバター（分量外）を塗り、縁から2cmくらい高くなるように側面にクッキングシートをはる。

❷ ボウルに板チョコレートを割り入れ、バターとともに湯せんでとかす。

❸ 別のボウルにAを入れてなめらかになるまでよくまぜる。❷を加えてよくまぜ合わせる。

❹ Bを別のボウルに入れ、かたくメレンゲ状に泡立てる。❸にメレンゲの⅓量を加えまぜ、ホットケーキミックスも加えて粉っぽさがなくなるまでしっかりまぜ合わせる。残りのメレンゲを2回に分けて加え、そのつどさっくりとまぜる。

❺ ❶の型に❹を七分目くらい流し入れ、ソース用の板チョコを生地に沈ませる。180度のオーブンで7～9分、表面がカリッとするまで焼く。シートをはずし、型をさかさにしてとり出す。アイスクリーム、フルーツとともに器に盛り、好みでセルフィーユを飾る。

（石澤清美）

POINT
切ったときに中からソースが出てくるように、オーブンで焼く前に板チョコを沈ませておく。

recipe 281

フライパンでリッチなタルトが作れちゃう！
チョコレートタルト

✕ 材料(直径20㎝・1台分)
ホットケーキミックス	50g
とかしバター	25g
卵	1個
くるみ	20g
チョコレート	150g
粉砂糖	適量

✕ 作り方
❶くるみはポリ袋などに入れ、めん棒でたたいてこまかく砕く。
❷チョコレートは湯せんにかけてとかす。
❸ボウルにとかしバター、卵、ホットケーキミックスを入れてよくまぜ、1/3量を別のボウルにとり分ける。残りの生地に①と②を加え、泡立て器でよくまぜる。
❹フライパンを弱火にかけ、③でとり分けた1/3量の生地を流し入れ、スプーンの背を使って、フライパンの底と縁2～3cmまで薄くのばし、5分焼く。
❺④に③のチョコレート生地を流し入れてスプーンで平らにならし、ふたをして15分焼く。フライ返しでそっとフライパンから出し、ケーキクーラーなどにのせて冷まし、粉砂糖を振る。　（ダンノマリコ）

POINT フライパンを弱火にかけ、タルト生地を焼きつけるようにのばしていく。

recipe 282

蒸し焼きにするとしっとりふっくら♥
フライパンクッキー

✕ 材料(12〜15個分)
A	ホットケーキミックス	70g
	バター	10g
	砂糖	大さじ1
B	とき卵	1/2個分(30g)
	オートミール	30g
	チョコチップ	30g

✕ 作り方
❶ボウルにAを入れ、指先でバターをつぶしながらまぜる。バターがこまかくなったら、Bを加えてゴムべらなどでまぜ、生地をひとまとめにする。
❷12〜15等分して平たく丸め、フライパンに並べる。ふたをして弱火で8分焼く。

（飯田順子）

POINT ふたをするとしっとり＆ふっくら。底が焦げないよう注意しながら、弱火で焼く。

 recipe 283

ゴージャスなデコレーションケーキもおまかせ♪
オレンジチョコケーキ

✕ 材料（約15×12cm・1台分）

ホットケーキミックス	50g
卵	2個
砂糖	50g
牛乳	大さじ1
オレンジ	2個
くるみ	適量
A 生クリーム	200mℓ
A チョコレートシロップ	40g
A 砂糖	小さじ2
ミント	適量

✕ 作り方

❶ボウルに卵を割り入れ、砂糖を加えてもったりとするまでよく泡立てる。牛乳を加えて底から大きくまぜ、ホットケーキミックスをふるい入れる。粉っぽさがなくなるまでさらにまぜる。

❷クッキングシートを敷いた天板に①を流し入れて表面を平らにならし、190度のオーブンで10分焼く。あら熱がとれたらラップをかけて冷ます。

❸オレンジは皮と薄皮をむいて実をとり出す。くるみは5mmくらいの大きさに刻む。

❹ボウルにAを入れ、もったりとするまで泡立てる。

❺②のシートをはがして4等分に切る。オレンジ、くるみは少量とりおいて残りを④とともにはさみながら重ね、残った④を全体に塗る。残ったオレンジとくるみ、ミントで飾り、好みで細切りにしたオレンジの皮を散らす。

（石澤清美）

recipe 284
甘ずっぱいジャムがチョコの味を引き立てる
バレンタインの生チョコケーキ

✕ 材料（幅12cmのハート型1台分）
【スポンジ生地】
ホットケーキミックス……………80g
卵……………………………………1個
生クリーム……………………100mℓ
チョコレート…………………100g
【デコレーション】
A ┌ 生クリーム………………100mℓ
　└ 砂糖………………………大さじ1
チョコレート…………………25g
牛乳……………………………大さじ2
カシスジャム…………………大さじ1
ココア…………………………適量

✕ 作り方
❶型にバター（分量外）を塗り、薄力粉（分量外）を振る。
❷生地のチョコレートを刻んでボウルに入れ、湯せんにかけてとかす。割りほぐした卵、生クリームを加えて泡立て器でよくまぜ、ホットケーキミックスを加えてなめらかにまぜる。
❸①の型に②を流し入れ、170度のオーブンで20分ほど焼き、型のままケーキクーラーにのせて完全に冷ます。
❹ボウルにAを入れて六分立てに泡立てる。
❺別のボウルにデコレーション用のチョコレートをこまかく刻んで入れ、湯せんにかけてとかし、牛乳をまぜ、④を加え、手早くまぜる。
❻③を型からはずし、上面が平らになるように薄く切りとってジャムを塗り、⑤を全体に薄く塗る。残りのクリームを星口金をつけたしぼり出し袋に入れて上面にしぼり出し、ココアを茶こしに入れて振る。
（福岡直子）

余ったホットケーキでもう1品！

recipe 285
洋酒が香る大人味のふわふわボール
ラムボール

✕ 材料（12個分）
ホットケーキ……………50g
チョコレート……………40g
ラムレーズン……………30g
ココアパウダー…………適量

✕ 作り方
❶チョコレートはこまかく刻んでボウルに入れ、50度くらいの湯せんにかけてとかす。ラムレーズンはこまかく刻む。
❷ボウルにホットケーキをこまかくちぎって入れ、①を加えてよくまぜ、12等分してボール状に丸める。クッキングシートを敷いたバットに並べ、冷蔵庫で冷やし固める。
❸別のバットにココアパウダーをふるい入れ、③を入れて転がし、全体にまぶす。
（齋藤真紀）

Hotcake mix recipe 286→289

クリスマス Christmas

recipe 286

さくさくのスパイシークッキーは
クリスマスの定番！

ジンジャーマン
クッキー

× 材料
（8×6cmのジンジャーマン型約8枚分）

A ┌ ホットケーキミックス ……… 120g
　├ ジンジャーパウダー ……… 小さじ¼
　└ シナモンパウダー ……… 小さじ½
バター ……… 50g
砂糖 ……… 20g
卵黄 ……… 1個分
マーブルチョコ、デコペン（白）… 各適量

× 準備
・材料はすべて室温にもどす。
・Aは合わせて泡立て器でよくまぜる。

× 作り方
❶ボウルにバターを入れ、ゴムべらでかたまりがなくなるまでねる。砂糖を加えてねりまぜ、卵黄も加えてまぜる。
❷まぜ合わせたAを加え、粉っぽさがなくなるまでまぜる。ひとまとめにし、平らにしてラップに包み、冷蔵庫で1時間以上休ませる。
❸台に打ち粉（分量外、強力粉または薄力粉）を振って②をのせ、軽くねってかたさを均一にする。
❹めん棒で3mm厚さにのばす。型の内側に打ち粉を軽くつけて抜く。残った生地はもう一度手でねってまとめ、同様にめん棒でのばして型で抜く。
❺クッキングシートを敷いた天板に間隔をあけて④を並べ、170度のオーブンで15～20分焼く。焼けたらケーキクーラーなどにのせて冷ます。
❻デコペンで髪や目、洋服を描く。デコペンをのりがわりにしてマーブルチョコをつける。

（下迫綾美）

recipe 287 バウムクーヘン切り株風
しっとりバウムクーヘンのデザートプレート

材料（4個分）
ホットケーキミックス … 100g
A
- 卵 … 1個
- 牛乳 … 大さじ1
- 生クリーム … 100ml
- レモンの皮のすりおろし … 1/2個分
- はちみつ … 大さじ2

棒状のチョコレート菓子 … 8本
生クリーム、砂糖 … 各適量
シナモンパウダー、
バニラアイスクリーム … 各適量

作り方
❶ボウルにAを入れてよくまぜ、ホットケーキミックスを加えて泡立て器でよくまぜる。
❷樹脂加工の卵焼き器を熱し、生地をお玉1杯分弱（1/6量）くらい流し入れて広げる。アルミホイルでふんわりとふたをして焼き、表面が乾いてきたら、奥から手前にくるくると巻く。
❸再び奥に寄せて2回目の生地を流し、同様に巻く。これをもう一度くり返す。同様にもう1本作る。
❹ボウルに生クリームと砂糖を入れて五分立てに泡立てる。器に敷き、シナモンパウダーを振る。
❺❸を斜め半分に切り、ようじでわきに穴をあけてチョコを刺す。器に立てて盛りつけ、アイスクリームの雪だるまをおき、あればチョコレートで目をつける。
（本間節子）

recipe 288 ミニツリーケーキ
ホットケーキを立てて飾れば、クリスマスツリーに！

材料（4個分）
ホットケーキミックス … 100g
とき卵 … 1/2個分
牛乳 … 90ml
サラダ油 … 適量
A
- 生クリーム … 100ml
- 砂糖 … 大さじ1

好みのフルーツ（いちご、ブルーベリーなど） … 適量

作り方
❶ボウルにとき卵、牛乳を入れて泡立て器でまぜ、ホットケーキミックスを加えてよくまぜる。
❷フライパンを熱してサラダ油を薄く引き、生地の半量を流し入れ、両面を色よく焼く。もう1枚も同様に焼き、2枚とも放射状に6等分する。
❸フルーツは大きいものは小さく切る。
❹ボウルにAを入れて泡立て、器4つの中央に1/4量ずつ盛り、フルーツ適量をのせる。❷を3個ずつ立てかけてツリーにする。てっぺんにもクリームをのせてフルーツを飾る。好みでキャラメルソース（下記参照）や粉砂糖、クッキーをあしらう。
（本間節子）

recipe 289 キャラメルソース

材料と作り方（作りやすい分量）
❶小なべに砂糖50g、水小さじ1を入れて火にかけ、とかす。
❷茶色く色づいてきたら、生クリーム50mlを2〜3回に分けて加えまぜる。

recipe 290 かぼちゃのプチケーキ

かぼちゃクリームをぐるぐるしぼってデコ♥

✕ 材料（直径5cm・25枚分・かぼちゃクリームは作りやすい分量）

ホットケーキミックス	150g
卵	1個
牛乳	100ml
かぼちゃ	正味400g
A グラニュー糖	80g
バター	60g
生クリーム	60ml
トッピング用のチョコ菓子、好みのナッツ	各適量

✕ 作り方

❶「究極のプレーンホットケーキ」（p.8）の作り方と同様にホットケーキを焼く。焼くときはスプーン1杯ずつ生地を流し、直径5cmくらいに焼く。
❷かぼちゃは2～3cm角に切る。耐熱容器に入れて水大さじ1.5を振り、ラップをかけて電子レンジ（600W）で5～6分、竹ぐしがすっと通るまで加熱する。
❸水けをきって裏ごしし、熱いうちにAを加えてまぜ、とかす。この時点で水っぽければ、なべに移して弱めの中火にかけ、ゴムべらでねりながらひとまとまりになるまで水分をとばす。
❹ボウルに移して冷ます。生クリームを少しずつ加え、ゴムべらでなめらかになるまでまぜる。
❺星口金をつけたしぼり出し袋に❹を詰め、❶の上にうず巻き状にしぼる。チョコ菓子やナッツをトッピングする。（下迫綾美）

recipe 291 パンプキンココアマフィン

かぼちゃがごろごろ入ったずっしりマフィン

✕ 材料（直径7cmのマフィン型・6個分）

A ホットケーキミックス	100g
ココアパウダー	20g
かぼちゃ	正味80g
バター	90g
グラニュー糖	80g
卵	2個
かぼちゃの種（ドライ）	適量

✕ 準備
・材料はすべて室温にもどす。
・Aは合わせてふるう。

✕ 作り方

❶かぼちゃは2～3cm角に切る。耐熱容器に入れて水小さじ1を振り、ラップをかけて電子レンジ（600W）で約2分、竹ぐしがすっと通るまで加熱する。あら熱がとれたら5mm～1cm角に切る。
❷ボウルにバターを入れ、ゴムべらでかたまりがなくなるまでねる。グラニュー糖を加え、泡立て器で白っぽくふんわりとするまでまぜる。
❸卵はときほぐし、❷に少しずつ加えてそのつどよくまぜ、合わせたAも3回に分けて加え、そのつどまぜる。2回目を加えまぜたらかぼちゃも加えてまぜ、残りのAを加えて粉けがなくなってツヤが出てくるまでまぜる。
❹マフィン型に紙カップを入れて❸をスプーンで八分目まで入れ、かぼちゃの種をトッピングする。170度のオーブンで25分ほど焼く。竹ぐしを刺して何もついてこなければでき上がり。（下迫綾美）

recipe 292 かぼちゃのスクエアチーズケーキ
くもの巣のデコレーションでテンションアップ！

✕ 材料（21×16cmのバット1台分）
- ホットケーキミックス …… 10g
- クリームチーズ …… 200g
- かぼちゃ …… 正味100g
- グラニュー糖 …… 80g
- 卵 …… 1個
- 生クリーム …… 50ml
- シナモンパウダー …… 小さじ¼
- ダイジェスティブビスケット …… 120g
- バター …… 50g
- チョコペン（茶） …… 適量

✕ 準備
- 生クリーム以外の材料は室温にもどす。
- バットにクッキングシートを敷く。
※クッキングシートはバットの立ち上がりまでの大きさに切り、四隅に切り込みを入れて敷く。

✕ 作り方
❶かぼちゃは2～3cm角に切る。耐熱容器に入れて水小さじ1を振り、ラップをかけて電子レンジ（600W）で約2分、竹ぐしがすっと通るまで加熱する。水けをきって裏ごしする。

❷土台を作る。厚手のポリ袋にビスケットを入れ、めん棒を転がしてこまかく砕き、ボウルに入れる。

❸耐熱容器にバターを入れてラップをかけ、電子レンジで1分ほど加熱し、とかす。❷に加えてまぜ、バットに敷き詰める。

❹ボウルにクリームチーズを入れてゴムべらでなめらかになるまでねる。❶、グラニュー糖を順に加え、そのつどなめらかにまぜる。

❺卵はときほぐして❹に少しずつ加えてなめらかにまぜ、ホットケーキミックスとシナモンパウダーを加えてまぜる。生クリームも加えてまぜ、一度こす。

❻❸のバットに流し入れ、表面をゴムべらでならし、160度のオーブンで30分ほど焼く。あら熱がとれたら冷蔵庫で冷やす。

❼バットからクッキングシートごととり出し、シートをはずす。チョコペンでくもの巣を描き、好みでアラザンを飾る。

（下迫綾美）

recipe 293 かぼちゃのころころミニドーナツ
とうふを入れると、冷めてももちもち！

✕ 材料（直径4cm・16個分）
- ホットケーキミックス …… 100g
- かぼちゃ …… 正味80g
- 木綿どうふ …… 100g
- 砂糖 …… 20g
- 揚げ油 …… 適量

✕ 準備
- とうふはキッチンペーパーで包んで水けをきる。

✕ 作り方
❶かぼちゃは2～3cm角に切り、耐熱容器に入れて水小さじ1を振る。ラップをして電子レンジ（600W）で2分ほど加熱し、やわらかくなったら水けをきってフォークでつぶす。

❷ボウルにとうふと砂糖を入れ、泡立て器でこまかくなるまでつぶし、❶をまぜる。ホットケーキミックスを加え、ゴムべらで粉けがなくなるまでまぜる。

❸手に打ち粉（分量外）を適量つけ、❷を小さく丸める。

❹160度の揚げ油で❸をきつね色になるまで3分30秒ほど揚げる。

（下迫綾美）

recipe 294 バースデーケーキ

人気のいちごショートも簡単手作り！

✕ 材料（1台分）

ホットケーキミックス	100g
とき卵	½個分
牛乳	100mℓ
A ┌ 生クリーム	200mℓ
└ 砂糖	20g
いちご	½パック

✕ 作り方

❶ ボウルに卵、牛乳を入れて泡立て器でまぜ、ホットケーキミックスを加えてよくまぜる。

❷ 樹脂加工のフライパンを熱し、生地を⅓量ずつ流し入れ、ホットケーキを3枚焼く。

❸ ボウルにAを入れ、六分立てに泡立てる。仕上げ用にお玉1杯分ほどを別のボウルにとり分け、冷蔵庫に入れておく。残りは角が立つまでしっかり泡立てる。いちごは飾り用に数個をとり分け、残りは薄切りにする。

❹ 生地1枚にしっかり泡立てた生クリームの¼量を塗り、薄切りのいちごを全体に並べ、上に生クリームの¼量を塗る。2枚目をのせ、同様に生クリーム、いちご、生クリームの順に重ね、3枚目を重ねる。

❺ 最後に仕上げ用の生クリームをかけ、いちごを飾る。

（齋藤真紀）

誕生日 Birthday

recipe 295

あまーいカスタードもレンジでらくちん！
ぶどうのカスタードタルト

※ 材料（直径24cm・1台分）
ホットケーキミックス… 200g
A ┌ 牛乳 …………… 100ml
　├ 卵 ……………… 1個
　└ 砂糖 ………… 大さじ1
レモン汁 ………… 大さじ1
バター ……………… 50g
B ┌ 砂糖 ………… 大さじ4
　└ 卵 ……………… 2個
ぶどう ……………… 100g
ミント ………………… 適量

※ 作り方
❶カスタードクリームを作る。耐熱ボウルにホットケーキミックス大さじ2、Aを入れてよくまぜる。電子レンジ（600W）で1分30秒ほど加熱し、とり出して泡立て器ですばやくまぜる。さらに好みのかたさまで30秒ずつ加熱して同様にまぜる。仕上げにレモン汁を加える。
❷大きめの耐熱ボウルにバターを入れ、電子レンジで30秒加熱してとかす。バターのあら熱がとれたらBを加えてよくまぜ、残りのホットケーキミックスを加えて粉が見えなくなるまでまぜ合わせる。
❸耐熱皿に入れて表面をならし、電子レンジで2分30秒加熱する。そのまま3分ほどおいて余熱で火を通す。あら熱がとれたらカスタードクリームを塗って皮をむいたぶどうとミントをのせる。

（コモモデル　岡部花子）

recipe 296

ホケミとは思えない！　本格派のスポンジケーキ
バナナとブルーベリーの
スポンジケーキ

※ 材料（直径16cmのケーキ型1台分）
ホットケーキミックス…… 100g
卵 ………………………… 2個
砂糖 ……………………… 50g
牛乳 …………………… 大さじ2
【デコレーション】
生クリーム ……………… 200ml
砂糖 …………………… 大さじ2
バナナ …………………… 1本
レモン汁、ブルーベリー
……………………… 各適量

※ 作り方
❶卵は卵黄と卵白に分ける。卵白はボウルに入れ、泡立て器で軽くほぐして砂糖を加え、かたく角が立つまでしっかりと泡立てる。
❷卵黄と牛乳を加えてしっかりとまぜ、ホットケーキミックスをふるい入れて粉っぽさがなくなるまでさっくりとまぜる。
❸型の底と側面にクッキングシートを敷き、❷を流し入れる。型を少し持ち上げ、軽く落とすようにして生地の中の空気を抜く。
❹150度のオーブンで20〜25分焼く。中心がふくらんで手でポンと軽くたたいてもへこまなければ焼き上がり。へこむときはさらに5分焼く。
❺型から出し、ケーキクーラーなどにのせてあら熱をとり、乾かないようラップなどでくるんで冷めるまでおく。
❻ボウルにデコレーション用の生クリームと砂糖を入れてとろりと泡立てる。バナナは輪切りにし、レモン汁をまぶす。
❼❺を横半分に切り、断面に生クリームの1/3量を塗ってバナナとブルーベリーの半量をのせ、残りの生クリームの半量を塗ってもう1枚ではさむ。上に残りのクリームを塗り、バナナとブルーベリーを飾る。

（石澤清美）

ホケミでラクラク！プレゼントにぴったりの

recipe 297 クロワッサンとドーナツのいいとこどり！ クロナッツ風

材料（直径6.5cm・4個分）
- ホットケーキミックス …… 200g
- 卵 …………………………… 1個
- 牛乳 ……………………… 大さじ2
- バター ……………………… 40g
- 揚げ油、アイシング …… 各適量

作り方
❶バターはやわらかくねり、9×9cmの四角にととのえる。
❷ボウルに卵を割りほぐし、牛乳、ホットケーキミックスを加えてフォークなどでまぜる。粉が見えなくなってきたら軽く手でこね、そのあとひとまとめにしてラップで包み、冷蔵庫で30分ほど休ませる。
❸生地を20×20cmにととのえて中心にバターをのせ、バターが見えなくなるようしっかりと包む。
❹打ち粉（分量外、薄力粉）をしたまないたに❸をのせ、めん棒で横1対縦2の長方形になるようにのばし、手前と奥を内側に折り込む。90度向きを変え、同じように生地をのばす。途中、バターがとけて手につくようなら10分ほど冷凍庫に入れて固める。
❺これを10～12回くり返したら10×25cmくらいにのばし、ドーナツ型で抜いて170度の揚げ油できつね色になるまで揚げる。冷めたらアイシング（「アイシングデコ」〈p.33〉参照）をかける。

（ダンノマリコ）

POINT

バターは生地から出ないように包んで、めん棒でのばし、三つ折りにして向きを変えてのばしをくり返し、層にしていく。

recipe 298 あまーい香りとさくさく食感が決め手 キャラメルラスク

材料（作りやすい分量）
- 残ったホットケーキ ……………… 2枚
- グラニュー糖 ………………… 大さじ3
- バター …………………………… 30g

作り方
❶ホットケーキは1cm角に切って、100度のオーブンで30分から焼きする。
❷なべにグラニュー糖と水大さじ1を合わせて強火にかける。とけて全体に茶色くなってきたら水大さじ1とバターを加えて火を止める。
❸全体を軽くまぜて❶を加え、手早くからめる。くっつかないようにクッキングシートなどに間隔をあけて手早く広げ、キャラメルが固まるまでおく。

（ダンノマリコ）

"バラまき"おやつ

お友達へのプレゼントやお礼に、
気軽に渡しやすいサイズのおやつはいかが？
見た目もかわいいから、喜ばれることうけあい！

recipe 299　ウーピーパイ
マシュマロをこっくりココア生地でサンド

※ 材料（直径4cm・4個分）

A	ホットケーキミックス	50g
	ブラックココア	10g
バター（室温にもどす）		25g
砂糖		大さじ2
とき卵		大さじ1〜2
マシュマロ（ホワイト、コーヒー）		各大2個

※ 作り方

❶バターはボウルに入れ、ゴムべらでねってクリーム状にし、砂糖を加えてよくまぜる。
❷卵を少しずつ加えまぜ、Aを2回に分けて加え、そのつど切るようにまぜ合わせる。粉っぽさがなくなったら手でひとまとめにし、8等分にする。
❸ボール状に丸め、クッキングシートを敷いた天板に4〜5cm間隔で並べる。
❹180度のオーブンで15分焼く。ケーキクーラーにのせて少し熱が冷めてきたら半分に切ったマシュマロをはさむ。
（ダンノマリコ）

recipe 300　ホケミロリポップ
ホケミとは思えないキュートな見た目が◎

※ 材料（2本分）

ホットケーキの生地（焼いていないもの）	大さじ4程度
ホワイトチョコレート	1枚
チョコペン（好みの色でOK）	適量
木の棒	2本

※ 作り方

❶樹脂加工のフライパンを中火で熱し、底をぬれぶきんにあててあら熱をとる。再び弱火にかけて生地を直径5〜6cmくらいにまるく2つ流し入れ、30秒ほどしたら木の棒をのせる。
❷表面にプツプツと穴があいてきたら返して1分ほど焼き、器にとり出してあら熱をとる。
❸ホワイトチョコレートは湯せんにかけてとかし、スプーンで❷の全体にかけ、冷蔵庫で軽く冷やす。
❹チョコレートが固まったら、好みのチョコペンで絵を描く。
（ダンノマリコ）

Staff

〈表紙〉
- 菓子製作　下迫綾美
- デザイン　センドウダケイコ
- 撮影　原 ヒデトシ
- スタイリング　諸橋昌子

〈中ページ〉（50音順）

- 料理指導　新井美代子　飯田順子　石澤清美　石橋かおり　大石みどり
  大森いく子　荻田尚子　黒川愉子　黒木優子　小島喜和
  齋藤真紀　坂田阿希子　下迫綾美　ダンノマリコ　トミタセツ子
  広沢京子　福岡直子　藤井 恵　ほりえさわこ　本間節子
  みなくちなほこ　渡辺麻紀　コモモデルのみなさん

- 撮影　砂原 文　武井メグミ　長塚奈央
  原 ヒデトシ　日置武晴　山田洋二
  梅澤 仁・佐山裕子・柴田和宣・
  千葉 充・松木 潤（主婦の友社写真課）

- デザイン　センドウダケイコ
- 撮影協力　UTUWA
- 構成・文　松原陽子
- 編集担当　佐々木めぐみ（主婦の友社）

ホットケーキミックスなら簡単！ 300レシピ

- 編者　主婦の友社
- 発行者　荻野善之
- 発行所　株式会社主婦の友社
  〒101-8911　東京都千代田区神田駿河台2-9
  電話　03-5280-7537（編集）
  　　　03-5280-7551（販売）
- 印刷所　大日本印刷株式会社

※本書は小社刊行の雑誌・ムック・書籍から抜粋したレシピに、新規取材を加えて再編集したものです。
- 乱丁本、落丁本はおとりかえします。お買い求めの書店か、
  主婦の友社資材刊行課（電話03-5280-7590）にご連絡ください。
- 内容に関するお問い合わせは、主婦の友社（電話03-5280-7537）まで。
- 主婦の友社が発行する書籍・ムックのご注文は、
  お近くの書店か主婦の友社コールセンター（電話0120-916-892）まで。
*お問い合わせ受付時間　月〜金（祝日を除く）9：30〜17：30

主婦の友社ホームページ　http://www.shufunotomo.co.jp/

©Shufunotomo Co., Ltd. 2015　Printed in Japan　ISBN978-4-07-410034-7

Ⓡ本書を無断で複写複製（電子化を含む）することは、著作権法上の例外を除き、禁じられています。
本書をコピーされる場合は、事前に公益社団法人日本複製権センター（JRRC）の許諾を受けてください。
また本書を代行業者等の第三者に依頼してスキャンやデジタル化することは、
たとえ個人や家庭内での利用であっても一切認められておりません。
JRRC〈http://www.jrrc.or.jp　eメール：jrrc_info@jrrc.or.jp　電話：03-3401-2382〉